LE JEU POLITIQUE

STÉPHANE BAUMONT

LES ESSENTIELS MILAN

Sommaire

Les mots suivis d'un astérisque (*) sont expliqués dans le glossaire.

Le jeu politique

Certains parlent volontiers de paysage ou d'échiquier, d'autres de système ou de vie, d'arène traditionnelle ou de spectacle. Le jeu politique, c'est un peu tout cela réuni. C'est la somme de ces éléments, la combinaison d'un paysage (avec ses contraintes géographiques et l'histoire de ses frontières), d'un échiquier (avec ses pions, ses tactiques, ses stratégies, l'expérience de ses joueurs-acteurs), d'un système (avec ses règles constitutionnelles ou sa pratique coutumière), d'une vie (avec sa naissance, ses maladies et sa mort), d'une arène (avec ses traditions, ses surprises, ses figures imposées, ses symboles et sa mise à mort), enfin d'un spectacle (avec la personnalisation du pouvoir, la vedettisation et la médiatisation d'acteurs œuvrant sous les feux de la rampe des sondages).

Le langage quotidien connaît d'ailleurs une diversité d'expressions qui traduit à merveille la nature de ce jeu comme son utilisation.

Rarement l'étude, la compréhension, l'analyse du jeu politique n'ont été autant d'actualité. Le discrédit qui frappe les hommes politiques, la fin des idéologies, la transition démocratique, la crise de l'« État-Providence », les limites de l'« État-Spectacle », l'abstentionnisme croissant, la poussée des extrêmes, l'irruption des intégrismes religieux et des nationalismes, le gouvernement des juges justifient cet ouvrage qui se veut constat autant que réflexion, découverte autant qu'éclairage. Le jeu politique n'est plus ce qu'il était. Il n'en reste pas moins essentiel à la respiration républicaine de nos démocraties contemporaines.

Qu'est-ce que le jeu politique ?

C'est un univers clos défini par un système de règles (Constitutions ou coutumes) permettant à ses acteurs (hommes politiques) comme à ses spectateurs (citoyens) de faire évoluer la vie politique entre les tentations du hasard et celles de la compétition.

Les multiples facettes

À l'aune des définitions nombreuses données par l'essayiste français Roger Caillois (1913-1978) s'ordonnent les significations plurielles du jeu politique : il désigne les figures, emblèmes, mythes, symboles et instruments nécessaires à son exercice ; il est à la fois ensemble de potentialités (comme aux cartes), de pièces indispensables (comme aux échecs), de tuyaux et de claviers (comme aux orgues), de voiles (comme sur un vaisseau). Le jeu politique est aussi combinaison du hasard et de la nécessité, de la fortune et de la compétition, de la prudence et de l'audace, du calcul et du risque. Il est enfin système de règles (Constitutions ou coutumes) définissant ce qui est ou non « du jeu ». Et permet, en dehors des révolutions ou des coups d'État (« hors jeu », « on ne joue plus le jeu »), de pratiquer l'alternance*, transfert de rôle démocratique offrant, tour à tour, à des partis et à des hommes politiques opposés l'accession au pouvoir.

« Le jeu suppose certes la volonté de gagner en utilisant au mieux les ressources dont on dispose et en s'interdisant les coups prohibés. Il faut accepter d'avance l'échec éventuel, la malchance ou la fatalité, consentir à la défaite sans colère ni désespoir. »
Roger Caillois, Préface à « jeux et sports », *Encyclopédie de la Pléiade*, 1967.

L'invention du jeu

Aux origines du jeu se trouvent l'esprit de compétition et « l'aléa » des Athéniens dans l'Antiquité (tirage au sort pour désigner des citoyens aux fonctions politiques les plus importantes, sauf à celle de stratège). C'est entre ces deux grands principes du jeu (goût de la compétition et accepta-

tion du hasard) que s'est peu à peu ordonnée la lutte pour le pouvoir régie par un corps de normes, de pratiques ou de coutumes (ainsi, en Angleterre, le *fair-play* remplace-t-il la Constitution qui n'existe pas; en France, les combinaisons parlementaires des IIIe et IVe Républiques, ou cohabitationnistes de la Ve République, réalisent un compromis pragmatique. «*La politique?* écrivait François Mauriac (1885-1970), *Est-ce qu'on s'intéresse aux batailles de singes?*» Le jeu politique est l'expression caricaturale d'une contestation de la politique pour les uns, synonyme péjoratif de l'utilisation du mot politique au féminin pour les autres (la politique). Il reste néanmoins une activité indispensable à la conquête et à l'exercice du Pouvoir dans le cadre des règles et de l'état d'esprit qui le définissent.

« ***La politique ne peut absolument pas se définir comme un jeu, pour la bonne raison qu'elle a en vue le bien de l'État ou de la Cité.*** »
Jean Cazeneuve, sociologue, « l'esprit ludique dans les institutions », *Encyclopédie de la Pléiade*, 1967.

Un vocabulaire au quotidien

On peut d'autant plus parler de «jeu politique» que les expressions quotidiennes concernant le jeu en définissent la nature comme la situation des acteurs: «avoir beau jeu», «jouer serré», «jouer au plus fin», «montrer ou dissimuler son jeu», «mettre en jeu», «jouer gros jeu», «jouer sa carrière», «le jeu n'en vaut pas la chandelle», «jouer le jeu», «abattre son jeu». Il est aussi question de «jeu de l'oie» ou de la «marelle» pour dessiner le cursus politique, ou encore de «fin de partie» pour en traduire le déclin.

Tirant du jeu en général ses caractéristiques essentielles, le jeu politique est la traduction simple d'une mécanique institutionnelle, instrument d'une philosophie du Pouvoir et de la société.

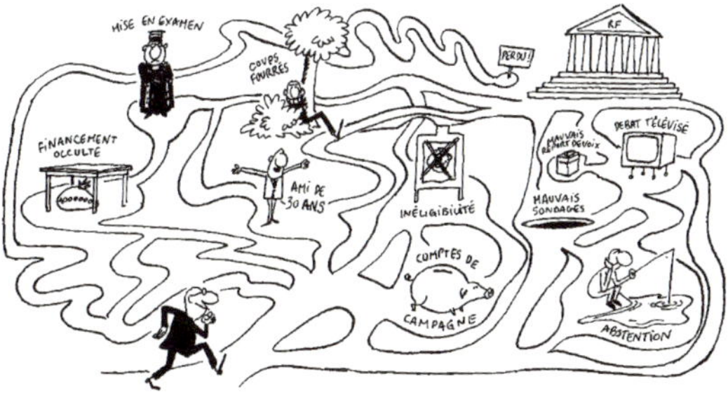

Les lieux du jeu

Le jeu politique a ses lieux de mémoire, ses lieux d'exercice quotidien et d'engagement. Il y déplace ses acteurs comme ses spectateurs.

Les lieux de mémoire

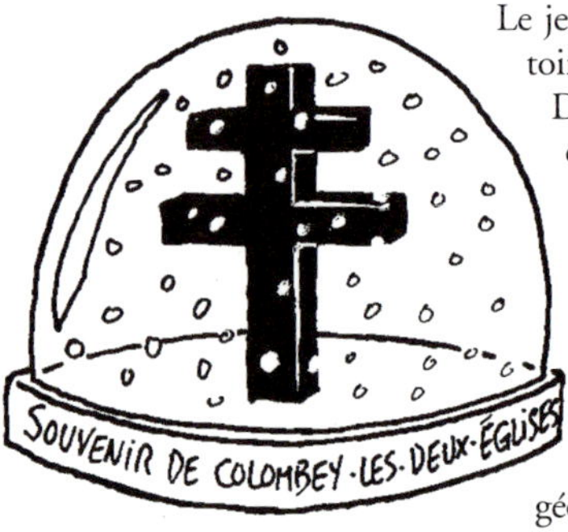

Le jeu politique a une histoire donc une mémoire. Des lieux aussi pour célébrer cette mémoire. Plus qu'en d'autres pays, la France a toujours marqué son attachement à la commémoration de son passé, à la commémoration géographique des grands moments politiques qui ont nourri, de siècle en siècle, ses monarchies, empires ou républiques. Entre Francs et Gaulois, Vercingétorix désigne Alésia; entre l'Ancien Régime et la Révolution s'imposent le Versailles de l'un et la Bastille de l'autre; entre catholiques et laïcs, Reims et le Panthéon; entre les rouges et les blancs, les lieux que le vote a inscrits dans la géographie électorale; entre Français et étrangers, les espaces d'intégration ou de rejet; entre collaborateurs et résistants, Vichy et Londres; entre gaullistes et communistes, Colombey-les-Deux-Églises et la place du Colonel-Fabien, l'hôtel de ville de Paris et le 120, rue Lafayette, les Champs-Élysées des «compagnons» et le parcours de «la Bastille à la République» des «camarades»; entre la droite et la gauche, le «plan figuratif de la Chambre des députés» indiquant avec exactitude la place qu'occupe chacun des membres en 1818; enfin, entre Paris et province, le jacobinisme* de la capitale et la fraternité des communes rurales, la déconcentration* préfectorale et la décentralisation* citoyenne.

La mémoire communiste

«***C'est rue La Fayette au 120 Qu'à l'assaut des patrons résiste Le vaillant parti communiste Qui défend ton père et ton pain.***»
Louis Aragon (1897-1982), « Les enfants rouges », 1933.

Les lieux d'exercice quotidien

L'Élysée pour le président de la République française, les intrigues de cour et l'univers mystérieux de la « monarchie républicaine » (*voir* pp. 18-19) de cette fin de siècle en France ; La Maison-Blanche à Washington ou le *10 Downing Street* à Londres ; le Palais-Bourbon, la *House of Communs* (Grande-Bretagne), *The Chamber of Representatives* (États-Unis) pour les députés des Chambres basses ; le Sénat, *The House of lords* (Grande-Bretagne), *the Senate* (États-Unis) pour les sénateurs des Chambres hautes, autant d'espaces symboliques de l'exercice du jeu politique. Il convient toutefois d'y ajouter les mairies mais aussi les fameux « couloirs », siège classique des vraies décisions et lieux de naissance des bruits et rumeurs, des vérités et contrevérités. Sans oublier les médias (télévision, radio, presse écrite) dont les plateaux, les studios et les colonnes sont devenus, depuis les années soixante, le lieu de passage obligé, la caisse de résonance comme l'endroit idéal du débat politique. Ainsi, la technique audiovisuelle a-t-elle déplacé géographiquement le véritable lieu d'expression du jeu politique : sans l'image et le commentaire, il reste dans le circuit fermé des initiés au lieu de s'épanouir dans l'univers ouvert des « *étranges lucarnes* ». Enfin, les mairies, conseils généraux comme conseils régionaux assurent l'exercice quotidien de la démocratie décentralisée comme les militants assument leur engagement aux sièges de partis politiques, dans les permanences de province ou dans les meetings de campagne.

« À Paris les hommes sont des systèmes En Province les systèmes sont des hommes. »
Honoré de Balzac (1799-1850), *Le Cabinet des antiques*, 1841.

Il n'est pas de jeu politique sans mémoire des divisions qui le nourrissent, ni engagement des acteurs qui l'enrichissent.

Une expression utilisée

« Jeu politique » est désormais une expression couramment utilisée pour analyser la situation politique d'un pays à un moment donné de son histoire. Ces exemples tirés du journal *Le Monde* et des dépêches de l'AFP en témoignent.

Quelques titres du journal *Le Monde*

« Le jeu politique israélien déstabilisé par l'assassinat de Rabin. » (9/11/96) ; *« Internet en pleine campagne : même s'il n'a pas atteint toutes les couches de l'Amérique profonde, l'engouement pour les réseaux renouvelle le jeu politique. »* (28/10/96) ; *« Écartés du jeu politique, les Khmers rouges sont devenus des bandits de grand chemin. »* (8/6/96) ; *« La junte birmane ne se résigne pas à ouvrir le jeu politique. »* (4/5/96) ; *« József Torgyan trouble le jeu politique hongrois. »* (30/12/95) ; *« Les islamistes se disent prêts à négocier avec le pouvoir algérien, le chef de l'État grand maître du jeu politique. »* (20/11/95) ; *« Municipales : l'élite beur réclame sa place dans le jeu politique. »* (9/6/95) ; *« Afghanistan : des "étudiants en religion" bouleversent le jeu politique. »* (1/12/94) ; *« Bulgarie : le Président Jelev appelle l'armée à rester en dehors du jeu politique. »* (29/9/94) ; *« Pakistan : après l'arrestation des partisans de Mme Benazir Bhutto, l'armée s'inquiète de la dégradation du jeu politique. »* (30/11/91) ; *« Corse : le jeu politique de l'île est devenu ouvert. »* (25/11/91) ; *« Pakistan : deux semaines après la mort du président Zia, les chefs de partis goûtent à nouveau les délices du jeu politique. »* (2/9/88)

Les titres de certaines dépêches AFP

« Bob Dole accuse Bill Clinton de jouer un jeu politique. » (31/10/96) ; *« Le procès Berlusconi perturbe le jeu politique. »* (15/10/95) ; *« M. Baylet regrette qu'un tribunal de commerce puisse "modifier le jeu politique". »* (15/12/94) ; *« Le PS cherche à retrouver sa place dans le jeu politique. »* (28/08/93) ; *« L'armée fixe les règles du jeu politique en Algérie. »* (11/03/93) ; *« Maastricht bouleverse le jeu politique. »* (9/06/92) ; *« M. Stirn: "le jeu politique" et "les pressions médiatiques" ont commandé mon départ. »* (4/07/90) ; *« Les bizarreries du jeu politique américain compromettent une adoption rapide de l'aide à la Pologne et à la Hongrie. »* (26/10/89)

« Aux urnes, citoyens »
C'est le titre d'un très bel album photographique accompagné des commentaires pédagogiques et républicains du politologue Olivier Duhamel (Éditions du May, collection « Album de famille », 1993). Un nouveau jeu, pour adultes et pour adolescents, existe aussi, sous ce même nom, depuis 1988. Il est vendu comme tel. Le jeu politique ne restera-t-il pas toujours – irrationalité oblige – une forme de... jeu de l'oie ?

La qualification du jeu

Les exemples montrent non seulement l'utilisation de l'expression mais aussi sa qualification. Ainsi le jeu politique peut être: joué, calmé, perturbé, modifié, bouleversé, retrouvé, clarifié, maîtrisé, brouillé, sans issue, fermé, faussé, bizarre, suspect, renouvelé, ouvert, troublé, déstabilisé, dégradé, goûté avec ses délices. Sa nature dépend bien sûr… du maître du jeu!

« *Pour commencer, pensez à la politique comme à un jeu de compétition* », F. G. Bailey, *Les Règles du jeu politique*, PUF, 1971. Il faut attendre les années 1980-1990 pour que chercheurs et politologues traitent du jeu politique. L'anthropologue F. G. Bailey a ouvert la voie en 1971.

L'utilisation courante de l'expression « jeu politique » montre qu'elle est plus fonctionnelle que péjorative.

Qui entre en politique ?

Facteurs familiaux, événement historique, choc émotif, profession exercée, concordance d'une personnalité avec les circonstances qui la servent, telles sont les explications objectives d'entrée dans l'arène politique.

Milieu familial, entre Histoire et émotion

« *À la maison on discutait de politique* », « *mon grand-père était maire de la commune* », « *mes parents militaient beaucoup* », autant d'expressions autobiographiques illustrant l'origine familiale de l'engagement politique.

Quelques exemples : Jean de Gaulle, Valéry Giscard d'Estaing, Ladislas Poniatowski, Philippe Douste-Blazy, John Fitzgerald Kennedy.

À noter aussi l'irruption en politique de femmes entraînées par des circonstances familiales particulières (succession d'un père ou d'un époux décédé, remplacement en cas d'ennuis judiciaires). Ainsi Benazir Bhutto, Cory Aquino, Margie Sudre, Marie-France Stirbois.

Le choc émotif peut aussi susciter la vocation : la mort d'un père pendant la guerre (Philippe Séguin, Roland Dumas), la mort d'un frère exécuté (Lénine après l'exécution de son frère Alexandre par la police tsariste).

Enfin, la perception particulière d'un événement de l'Histoire ou la participation à ce dernier peut déclencher l'entrée en politique.

Milieu professionnel, entre personnalité et circonstances

Des hommes plutôt d'âge mûr, une proportion très restreinte de femmes (en dehors des pays scandinaves), l'exclusion de certaines catégories (Noirs et catholiques aux États-Unis, couches sociales modestes en Europe) laissent, dans la plupart des pays, bourgeois, fonctionnaires, professions libérales, cadres moyens et supérieurs, milieux favorisés et classe moyenne occuper le champ politique. Il arrive aussi que l'entrée en politique soit le second souffle d'une carrière professionnelle accomplie: ainsi constate-t-on l'engagement de chirurgiens, médecins, professeurs, avocats, patrons d'industries, et notamment en France sous la Ve République, des «énarques». Barreau, journalisme, enseignement prédisposent à l'entrée en politique; ses acteurs savent parler et communiquer, ils en connaissent les arcanes. S'ajoutent à ces conditionnements sociaux le poids d'une personnalité et sa rencontre avec les circonstances, la concordance d'un désir et d'un événement, d'une ambition et d'une conjoncture, d'une volonté et d'une opportunité: le jeu de l'oie se joue aux dés des occasions, des attentes et des ambitions.

Famille je vous aime !

Le politologue américain R. Hess décrit, en 1974, seize familles américaines d'où viennent huit présidents, trois vice-présidents, trente sénateurs, douze gouverneurs, cinquante-six membres de la « *House of Representatives* » (la « Chambre des représentants »).

Les diplômés du Pouvoir

Que ce soit en France, en Tunisie, en URSS hier, aux États-Unis ou en Grande-Bretagne, le pouvoir politique appartient aux diplômés de l'enseignement supérieur (grandes écoles ou universités) dans presque 100 % des cas.

L'appartenance à des familles et milieux politisés ainsi qu'à des milieux favorisés sont, avec les événements de l'Histoire, les clés pour accéder à la carrière politique.

Les motivations

Il y a celles qui sont publiquement avouables. Mais il y a aussi celles qui sont secrètement cachées.

« L'ambition politique ne se soucie pas de la qualité de ceux qui la consacrent ; ce qu'elle vise c'est un titre dont la valeur n'a rien à voir ni avec le mérite de celui qui l'obtient ni avec la compétence de ceux qui la décernent. »
Georges Burdeau, professeur de droit, *Traité de science politique*, LGDJ, 1981-1987 (treize volumes).

Avouables : les mobiles d'ordre politique

Tous les hommes politiques, quel que soit leur pays, ne mettent en avant que les mobiles d'ordre politique lorsqu'ils sont interrogés sur leurs motivations. À l'instar du monde religieux, « l'entrée en politique » trouve son origine dans « la grande cause » qui est embrassée. « La prise du voile militant » s'explique publiquement par l'utilisation systématique de formules initiatiques propres à chaque famille politique : à gauche, c'est « la volonté de mettre fin aux injustices économiques et sociales » ; à l'extrême gauche traditionnelle (PCF), c'est « le combat contre l'exploitation des travailleurs et des masses populaires » ; au centre, « le vœu d'une démocratie consensuelle servant l'intérêt général » ;

à droite, « le rassemblement national pour lutter contre un péril extérieur ou une menace intérieure ». Tout acteur du jeu politique affirme donc que son engagement est surtout dû à sa confrontation à une situation (inégalités, injustices, insécurité ; réaction face à une situation politique) ou à un événement (coup d'État, révolution, alternance*, guerre). Ce qui l'a conduit, dans l'un comme dans l'autre cas, à s'investir et à adhérer à un parti (machine à inventer et à « accoucher » de candidats pour toute élection de nature présidentielle, législative, sénatoriale, régionale, cantonale ou municipale), à un homme (nous vivons un siècle de personnalisation du Pouvoir), à une idéologie pour être au service de l'Autre.

« ***Le sage fait de la politique non parce qu'il veut faire triompher ses principes mais parce que ses principes lui dictent de faire de la politique.*** »
Confucius, philosophe chinois (vers – 555, vers – 479).

Inavouables : les ressorts passionnels

Le goût du Pouvoir – alliage des plaisirs de la puissance et de la considération –, l'attrait presque mystique pour le caractère sacré du Pouvoir (dans sa quête comme dans son exercice), la passion pour l'attente de l'événement ou de l'échéance, le risque, l'émotion, la prise de parole (éloquence des grands leaders comme De Gaulle, Mitterrand, Grévy, Herriot, Castro, Bourguiba, Sihanouk, Sukarno…) sont les motivations secrètes de tous les hommes politiques. Leur ambition traduit une volonté de puissance, une réaction contre l'angoisse de mort (Churchill écrivait dans ses Mémoires « *ce sont des temps où il fait également bon vivre et mourir* ») ; cette ambition exige le mépris de l'homme (jouet du jeu) et du jugement des hommes (il faut un épiderme caparaçonné) ; l'acceptation de la cruauté du jeu qui peut être mortel ; enfin, elle est récompensée par la jouissance du Pouvoir, les honneurs mais aussi cette illusion bienfaisante de l'immortalité, traduction de l'atmosphère irrationnelle, affective et magique du jeu politique.

Aucun acteur du jeu politique ne fait allusion à son goût du Pouvoir, motivation pourtant essentielle de son engagement.

Comment devient-on homme politique ?

Il n'y a ni recettes infaillibles ni guide idéal de la réussite en politique. Il faut avant tout avoir le tempérament du joueur pour revêtir peu à peu la panoplie républicaine.

Au centre du jeu... le joueur

On ne devient homme politique (acteur essentiel du jeu politique) que si l'on est, condition impérative, d'abord joueur, c'est-à-dire doté d'un certain nombre de qualités : le sens du moment opportun (« *il faut laisser du temps au temps* », selon l'expression souvent répétée du président François Mitterrand), une volonté hors normes (obstination, ténacité), un sang-froid à toute épreuve (dans le choix et l'instant de la décision comme dans la lutte électorale), un courage, une lucidité et une appréciation du paysage politique solides (pas de place au rêve, à la timidité, aux scrupules ou à l'hésitation). Il faut aussi posséder ce qu'en d'autres domaines on qualifierait de défauts : la pratique et l'art du mensonge (du programme ou de la promesse non tenue au « mensonge d'État » sur la maladie du leader par exemple), la vertu du cynisme, de « *l'égoïsme, la dureté et la ruse* » (général de Gaulle), le sens de la manipulation (intoxication, « agit-prop », propagande, désinformation, subversion, rumeur, non-information), la possession de l'art politique pour provoquer l'élimination de l'autre joueur (« assassinat politique » par le complot, la rhétorique, la trahison, l'humiliation, la persécution, la déconsidération, la démagogie, la désignation de l'adversaire comme bouc émissaire).

Les atouts

Le profil idéal du vainqueur, c'est l'alliage d'une bonne image personnelle et d'une étiquette partisane porteuse.

Revêtir la panoplie républicaine

Deux voies conduisent à la «condition» d'homme politique:

– première voie, l'acquisition régulière mais systématique de tous les mandats (parfois facilitée par l'hérédité politique). Ceux-ci font la panoplie républicaine du représentant (conseil municipal, mairie, conseil général, député ou sénateur) comme sous les IIIe et IVe Républiques ainsi que sous une partie de la Ve République (dont les modèles idéaux ont été Fallières, Loubet, Auriol ou Coty mais qu'ont respectés des chefs d'État comme Valéry Giscard d'Estaing , François Mitterrand ou Jacques Chirac);

– deuxième voie, l'invention géographique d'un terroir où l'énarque parisien se fait parachuter afin que sa compétence reconnue par le Pouvoir central soit légitimée par l'onction du suffrage universel*. Cela autorise ainsi sa métamorphose en homme politique reconnu (ainsi, Lionel Jospin en Haute-Garonne, Jean François-Poncet en Lot-et-Garonne, Laurent Fabius en Seine-Maritime, Philippe Séguin dans les Vosges).

Enfin, une troisième voie est possible: celle de la symbolique de l'Histoire (De Gaulle, Mao Tsé-Toung, Tito, Vaclav Havel, Lech Walesa).

« Si l'on disait toujours la vérité au peuple, on n'arrêterait pas de lui mentir. »
Charles de Gaulle (1890-1970).

Les qualités du joueur et l'acquisition des habits du candidat construisent l'homme politique.

La classe politique

C'est le nom donné au milieu constitué par celles et ceux dont l'engagement et la préoccupation communes sont politiques ; ce ne sont pas seulement ceux qui gagnent, mais tous ceux qui jouent.

« La classe politique est en accord avec l'impératif démocratique car sa composition est déterminée par l'issue concurrentielle dont le peuple est l'arbitre. »
Georges Burdeau, professeur de droit, *Traité de science politique*, LGDJ, 1981-1987 (treize volumes).

Ceux qui font de la politique...

Composée de l'ensemble des personnalités qui, indépendamment des objectifs poursuivis et des appartenances partisanes, connaissent les droits et devoirs, les privilèges et les charges, les honneurs et les contraintes s'attachant à l'univers clos où s'exerce la fonction de direction, la classe politique est une classe autonome. Ses membres y sont définis moins par ce qu'ils sont que par ce qu'ils font (de la politique) : l'engagement politique est leur dénominateur commun ; leur intérêt partagé pour les mêmes préoccupations rend cohérente la classe qu'ils forment au-delà des divisions doctrinales ; leur solidarité (on peut aller jusqu'à parler de « conscience de classe ») transcende aisément les antagonismes idéologiques. Cette classe rassemble tous les joueurs du jeu politique : ceux qui ont gagné (le Pouvoir) comme ceux qui l'ont perdu (l'opposition).

Anatomie d'une classe autonome

Cette classe politique voit sa composition transformée au gré de l'histoire comme de la géographie : l'Administration et les hauts fonctionnaires n'en faisaient pas partie aux États-Unis il y a une trentaine d'années. Elle comprend en France sous la Ve République six catégories :

– toutes les personnes engagées dans la vie politique (président, gouvernement, parlementaires, candidats au Parlement) ;

– l'entourage (membres des cabinets ministériels, collaborateurs et conseillers, attachés parlementaires) ;

– les personnes influentes des partis politiques, les représentants des lobbies*, groupes d'intérêt et groupes de pression (des organisations socioprofessionnelles agricoles aux

transporteurs routiers, des producteurs d'Armagnac aux professions libérales) ;
– les intellectuels et les technocrates quand leurs fonctions les hissent au niveau de l'élaboration des décisions politiques (secrétaire général de l'Élysée ou du gouvernement, gouverneur de la Banque de France, préfets) ;
– toutes celles et tous ceux qui constituent en province « la République des notables » (maires, conseillers régionaux ou généraux, président du conseil général ou régional, mais aussi notables non impliqués par leur mandat dans l'univers politique mais dont la notoriété, la profession et les relations en font d'indispensables relais d'opinion pour les candidats comme pour les élus) ;
– enfin certains journalistes et sondeurs dont la spécialisation est telle qu'ils font partie de la « famille ».

« *Il arrive que les membres de la classe dirigeante ne soient pas toujours des gens compétents.* »
Aristote (– 384, – 322), *Politique*.

Une classe politique, pour quoi faire ?

La classe politique est le miroir d'une démocratie quand elle ne se confond pas avec le parti (cas des régimes totalitaires). Elle peut être définie, à la suite de Georges Burdeau, comme « *un milieu stratégique* », où s'élaborent entre les différents joueurs la composant les tactiques et stratégies de conquête ou de conservation du Pouvoir dans le respect des règles du jeu politique dont elle est d'ailleurs la garante.

Univers clos regroupant les participants au jeu, la classe politique est le support d'un régime. Et l'histoire contribue à son renouvellement.

Présidents et monarques

Entre république et monarchie, le jeu politique balance entre puissance présidentialiste et effacement monarchique.

« Les Bonaparte, qu'ils s'appellent Louis Napoléon, Boulanger, Pétain ou De Gaulle sont et veulent être, par essence, des monarques issus de la Révolution. »
Raymond Aron (1905-1983), Revue *Preuves*, novembre 1958.

L'Europe des monarques et des présidents de la République

Dominant dans le nord de l'Europe (Belgique, Danemark, Grande-Bretagne, Luxembourg, Pays-Bas, Norvège, Suède mais aussi Espagne), le modèle monarchique n'est pas contesté sauf en Grande-Bretagne (réactivation du courant anti-monarchiste en 1992) et en Belgique (démission temporaire du roi en 1990 pour manifester son opposition à la loi en faveur de l'avortement). Quant au président de la République, il est élu au suffrage universel direct* dans six pays (Autriche, Finlande, France depuis 1962, Irlande, Islande, Portugal) et par un collège restreint dans trois autres (Allemagne, Grèce, Italie). Le point commun à tous ces chefs d'État, monarques ou présidents, c'est d'être politiquement irresponsables (sauf cas de haute trahison ou de « violation délibérée de la Constitution »). En Autriche et en Islande existe toutefois une procédure de révocation populaire. « Régulateur du régime politique », arbitre, gardien des intérêts nationaux et des institutions, personnifiant la Nation, le chef de l'État, même s'il ne personnalise pas toujours le Pouvoir (politique), est la pierre angulaire emblématique et symbolique d'un jeu auquel il échappe (par l'hérédité) ou pendant son exercice (irresponsabilité politique). Il a une dimension irréductible: celle d'être l'incarnation d'une conscience nationale et de l'unité de l'État.

Entre puissance et effacement

Le président de la République, dans le régime «ultraprésidentiel» français ainsi que dans les régimes présidentiels américain et russe, connaît un pouvoir que ne peut limiter qu'une majorité contraire à l'Assemblée nationale ou au Congrès (c'est le cas de la cohabitation). Le monarque, lui, exerce une magistrature d'influence avec les «trois droits» du roi: celui de savoir, d'encourager et d'avertir. L'étendue des prérogatives varie d'un pays à l'autre; c'est surtout en France qu'un grand nombre d'actes présidentiels sont dispensés du contreseing* gouvernemental (nomination du Premier ministre, référendum, dissolution de l'Assemblée, mise en œuvre de l'article 16* de la Constitution – *voir* pp. 28-29 –, droit de message aux assemblées, saisine du Conseil constitutionnel* et nomination du tiers de ses membres). À tel point que certains auteurs (tels que Maurice Duverger, professeur de droit) n'ont pas hésité à parler de «monarchie républicaine», illustrée par l'équation (posée par Georges Vedel, professeur de droit): «président de la République française = président des États-Unis + reine d'Angleterre.»

« Déguiser le désir du pouvoir sous la revendication de la responsabilité, c'est donner à l'ambition personnelle la forme la plus respectable. »
Lucien Anatole Prévost-Paradol (1829-1870), essayiste, *La France nouvelle*, 1867.

Entre personnification de la Nation ou de l'État et personnalisation du Pouvoir, les monarchies comme les républiques oscillent entre force symbolique et réalité de la puissance.

Conseillers et collaborateurs

Familial, amical ou technique, l'entourage peut se révéler déterminant dans l'évolution comme dans les métamorphoses du jeu politique.

Dis-moi quel est ton entourage...

L'entourage, c'est d'abord la famille. Elle est très influente aux États-Unis sur le plan de la formation de la personnalité et de la vocation, comme dans le cadre de l'exercice du Pouvoir. Elle se caractérise essentiellement par le rôle de la mère (Rose Kennedy, Rebecca Johnson) et de l'épouse (Jackie Kennedy, Eleanor Roosevelt, Rosalyn Carter, Nancy Reagan, Hillary Clinton). La famille remplit aussi une fonction rassurante (photographies ou reportages télévisés avec les animaux domestiques dans l'espace privé de l'homme public). Cette fonction est utilisée comme instrument d'identification des citoyens à leurs gouvernants. Quant aux amis (Pelat pour Mitterrand, Boris pour Mendès France, Hopkins auprès de Roosevelt, le colonel House avec Harold Wilson), ils font partie du « premier cercle » : confidents de leader au Pouvoir, sans fonction officielle, mais libres de parole, ils contribuent à rompre la poignante solitude du Pouvoir. Enfin, les conseillers privés en communication – « auprès du Président » – et autres collaborateurs officiels jouent un rôle technique et quelquefois un rôle politique dans tous les régimes (Pierre Juillet et Marie-France Garaud pour Georges Pompidou, Jacques Attali et Jacques Pilhan pour François Mitterrand, Halderman pour Nixon, Adams pour Eisenhower, MacNamara pour Johnson). Loyaux, fidèles, dévoués,

« Dans le tumulte des hommes et des événements, la solitude était ma tentation. Maintenant elle est mon amie. De quelle autre se contenter quand on a rencontré l'Histoire ! ».
Charles de Gaulle (1890-1970), *Mémoires de guerre* (1954-1959).

compétents, possédant une formation commune (Harvard, Éna, Cambridge, Oxford), partageant la même idéologie et le même combat, ils sont « *peu nombreux et de qualité* » (De Gaulle). Plutôt technocrates qu'intellectuels (à l'exception de Régis Debray pour Mitterrand), ils doivent être « *les meilleurs* » (selon Valéry Giscard d'Estaing) et posséder « *la technique des affaires de l'État* » (Samy Cohen, politologue). Ils sont indispensables à l'exercice quotidien du Pouvoir.

« ***Voici une règle infaillible : un prince qui manque de sagesse ne sera jamais conseillé* [...] *les bons conseils d'où qu'ils viennent procèdent toujours de la même sagesse du prince et non la sagesse du prince de ces bons conseils.*** »
Machiavel (1469-1527), *Le Prince*, 1513.

...je t'en dirai les dangers

Certaines conséquences peuvent naître d'une emprise trop grande de l'entourage sur le chef de l'État : transfert de popularité (Eva Perón, femme de l'ancien président de la République argentine), appropriation du Pouvoir sans légitimité démocratique (Hillary Clinton, Rosalyn Carter), dogmatisme d'école (influence parfois néfaste de « l'énarchie »), dérapages (affaires Roger-Patrice Pelat en France et Whitewater aux États-Unis), témoignages contestés (les trois volumes de *Verbatim* d'Attali des années quatre-vingt-dix), dérives clientélistes*, accumulation des fossés entre gouvernants et gouvernés, népotisme*, prolifération de coteries et de clans (clef du fonctionnement mitterrandien), irruption des courtisans, manque d'efficacité. L'entourage n'en est pas moins indispensable au titulaire du Pouvoir qui, de toute façon, au dernier moment et dans la solitude, décide seul.

Indispensable mais parfois néfaste, l'entourage est le premier acteur non élu du jeu politique.

La Constitution et sa pratique

Implicites ou explicites, codifiées ou non, les règles du jeu politique régissent un univers clos marqué par un état d'esprit, des institutions, une pratique.

L'esprit du jeu (les règles pragmatiques)

Le caractère d'un peuple, son histoire, ses traditions le conduisent à appréhender le jeu politique selon des règles non écrites. Celles-ci naissent autant des coutumes que d'une certaine conception de la place du Politique dans la société. Ainsi les Britanniques n'ont-ils pas de Constitution* au sens formel du terme. Ils attachent une importance particulière aux grands textes symboliques – instituant certains grands principes fondamentaux pour le citoyen comme pour la société (la « Grande Charte » de 1215 ou l'*Habeas corpus Act* de 1679) –, ainsi qu'au légendaire *fair-play*: celui-ci introduit l'esprit ludique dans les institutions ou fait des joutes politiques un jeu parmi d'autres. Certaines règles tacites n'ont pas besoin de codifications, elles sont « l'esprit du jeu »: prise en compte du temps et de l'adversaire; acceptation des risques (échec, polémique, agression, mensonge, cruauté, blessure ou risque de mort); caractère incertain de la victoire, caractère aléatoire du maintien au Pouvoir, caractère constructif de la défaite.

« L'essence d'une Constitution est dans son paraître, dans son caractère reconnu de convention; et non pas dans son être, dans son hypothétique adéquation à la vérité politique et sociale. »
Renaud Camus, *Éloge moral du paraître*, 1995.

La Constitution (les règles normatives)

« *Acte par lequel les citoyens définissent les conditions d'exercice du pouvoir politique* » (Dominique Rousseau, professeur de droit public). La Constitution permet la garantie des droits et la séparation des pouvoirs. Elle est donc « *un acte fondateur d'un État ou d'un régime. Elle enserre l'État dans un ensemble de règles tout en étant elle-même source de règles juridiques*» (Hugues Portelli, professeur de droit public). Le général de Gaulle (1890-1970) la définissait comme «*un esprit, des institutions, une pratique*»; François Mitterrand comme «*la pratique des choses, le tempérament des hommes, les habitudes de penser et d'agir d'un peuple*».

Ainsi les règles constitutionnelles déterminent-elles la forme même de l'État (unitaire ou fédéral), la forme de son gouvernement (république ou monarchie), la forme des organes qui le dirigent et la manière dont ils sont constitués, les compétences dont ils sont investis, les droits des citoyens. Sans ces règles normatives, il n'est point d'exercice possible du jeu politique.

«Tout serait perdu si le même homme, ou le même corps des principaux, ou des nobles ou du peuple exerçaient ces trois pouvoirs: celui de faire des lois, celui d'exécuter les résolutions publiques et celui de juger les crimes ou les différends des particuliers.»
Montesquieu (1689-1755), *De l'esprit des lois*, 1748.

La pratique (la combinaison des règles)

La pratique résulte de l'interprétation des règles normatives et de leur combinaison avec les règles pragmatiques. Elle exige, dans les démocraties, la légitimité populaire naissant de l'élection ou du référendum*; elle montre souvent qu'il vaut mieux avoir politiquement que juridiquement raison; elle métamorphose souvent les pouvoirs formellement prévus par la Constitution (par exemple, sous la IIIe République, le président de la République a été dépourvu de l'autorité et des pouvoirs que lui donnait la Constitution); elle consacre la flexibilité de la Constitution de la Ve République dans des circonstances originales comme la cohabitation.

La Constitution et l'esprit du jeu forment un ensemble de règles plus ou moins respectées par les acteurs politiques. Ils tracent l'espace du paysage politique.

Aux urnes, citoyens !

Au cœur du jeu, le vote est personnel, utile ou protestataire. Censitaire puis universel, son expression dépend du mode de scrutin (majoritaire, représentation proportionnelle).

Pas de jeu démocratique sans vote

L'objet essentiel du jeu est de choisir des représentants, donc des gouvernants, par des élections libres, c'est-à-dire «*pluralistes* [*], *disputées et permettant le libre choix personnel des électeurs*» (Hugues Portelli, professeur de droit public). Le suffrage était censitaire* jusqu'au début du XXe siècle dans de nombreux pays (vote réservé à une élite), puis il est devenu universel* : la France l'institue en 1795 et l'applique en 1848. Certains pays (Suède, Norvège, Danemark, Pays-Bas) ont donné le droit de vote aux étrangers dans le cadre des élections locales. Le traité d'Union européenne de 1992 a d'ailleurs accordé le droit de vote aux élections européennes et municipales aux «citoyens» de l'Union européenne dans le pays où ils sont domiciliés, même s'ils n'en ont pas la nationalité.

«Il y a toutes les sortes de truquages que les professionnels de la combinaison peuvent imaginer pour déformer plus ou moins la réponse des électeurs.»
Charles de Gaulle (1890-1970), conférence de presse, 16 mars 1950.

La nature du vote bouleverse le sens du jeu

Le vote personnel traduit la relation de confiance qui s'établit directement entre l'électeur et le candidat. Fréquent au niveau local (élections municipales et cantonales), il l'est aussi au niveau national grâce à la conjonction de deux

bouleversements : l'un de nature institutionnelle (élection du président de la République au suffrage universel direct* en France, en Russie, en Amérique latine, dans les pays de l'Est), l'autre de nature technologique (importance prise par les médias, dont la télévision).
Personnalisation du Pouvoir et personnalisation du choix électoral entraînent de nouvelles logiques du jeu politique. Le vote pour un programme est remis en cause par la non-application du programme proposé aux électeurs (« *les promesses n'engagent que ceux qui les entendent* »). Les votes « utile » et « protestataire » illustrent les comportements d'un électorat classique ou violemment désapprobateur.

Choix du mode de scrutin et physionomie du jeu

Plusieurs systèmes électoraux existent : systèmes majoritaire, proportionnel ou mixte. Le scrutin uninominal majoritaire à un tour (Grande-Bretagne) ou à deux tours (France) conduit à l'élection des candidats qui ont obtenu la majorité des suffrages exprimés*. Ce mode de scrutin assure une représentation fidèle des choix politiques des électeurs tout en dégageant une majorité de gouvernement cohérente, indispensable en régime parlementaire. La représentation proportionnelle est un scrutin de liste à un seul tour, les sièges à pourvoir étant répartis entre les différentes listes en présence (dans la circonscription législative ou sur l'ensemble du pays) proportionnellement au nombre de suffrages qu'elles ont recueillis. Ce système est pratiqué dans les pays nordiques et les États de l'Europe du Sud, ainsi qu'en France sous la IVe République et la Ve République pour les élections législatives et régionales de 1986, pour les élections européennes depuis 1979. Ce scrutin reflète, de manière très fidèle, les choix politiques de l'électorat mais favorise l'instabilité ministérielle, la difficulté de dégager des majorités larges, tout en accroissant le poids de l'appareil des partis politiques.

« *Un mode de scrutin, il faut le ramener à la psychologie électorale.* »
Pierre Mendès France (1907-1982), *Gouverner c'est choisir*, 1958.

Le vote est la condition nécessaire et suffisante à la qualité démocratique d'un jeu, dont la nature est modifiée par le type de scrutin et de suffrage adopté.

Le mimétisme institutionnel

Importées ou exportées, les règles du jeu dessinent un nouveau corps géopolitique acceptant la greffe ou la rejetant. Ainsi, de très nombreux pays s'inspirent-ils des modèles anglo-saxon, américain, français ou allemand.

Pas de jeu sans modèle

Les États et leurs gouvernants n'ont jamais cessé d'importer ou d'exporter des modèles institutionnels, à tel point que certains politologues n'hésitent pas à parler de « mimétisme institutionnel », d'« État importé » (Bertrand Badie, professeur de droit public) ou d'« ingénierie politique et de génétique institutionnelle » (Yves Mény, professeur de droit public).

Les modèles séduisants

Avec Voltaire (1694-1778) et Montesquieu (1689-1755) est promu le « modèle idéal » de la Grande-Bretagne avec son gouvernement équilibré et son système de séparation des pouvoirs. Avec les révolutions américaine et française naissent des modèles réglant le jeu politique et institutionnel dans leurs pays respectifs, mais aussi dans d'autres nations (la Déclaration des droits de l'homme et du citoyen a une portée ainsi qu'une vocation universelle et messianique). Depuis 1789, la Grande-Bretagne, la France et les États-Unis (parfois la Prusse) sont devenus des modèles institutionnels idéaux reproduits peu ou prou par des pays après leur révolution ou leur indépendance. Quant au modèle européen contemporain, il cherche encore sa Constitution ; il n'organise la convergence des systèmes politico-administratifs nationaux que par le jeu de contraintes normatives s'imposant à l'État de droit de chaque pays membre de l'Union européenne.

***« On ne fournit pas une Constitution clefs en main comme une usine de traitement des eaux… Il y a quelqu'un qui le fait, un Américain avec son catalogue de Constitutions à 250 000 dollars… il s'est fait refuser partout. »* Propos d'un constitutionnaliste français, 1992.**

Des siècles d'import-export institutionnel

Ces siècles illustrent les influences d'un pays, d'une Constitution* ou d'un modèle sur un autre qui s'en inspire

pour le recopier ou le modeler : ainsi la France révolutionnaire, profondément marquée par les déclarations des droits (*Bill of rights*) aux États-Unis en 1787, par les modèles anglais ou américain (bicamérisme* ou pas), par les conceptions républicaines de l'Antiquité romaine ou des auteurs de la Constitution américaine de 1787 ; ainsi les pays de l'Est et la Russie faisant l'objet, surtout depuis la chute du mur de Berlin en 1989, des conseils avisés des « *pèlerins constitutionnels* ». On peut en effet évoquer, par exemple, le rôle éminent joué par Robert Badinter, ancien président du Conseil constitutionnel*, dans l'exportation du modèle français en matière de contrôle de constitutionnalité de la loi, en Afrique, en Russie et dans les pays de l'Est ; l'influence du modèle gaullien de 1962 a permis l'élection du président de la République au suffrage universel direct* (malgré les dangers qu'il recèle dans des pays marqués par l'intégrisme nationaliste et identitaire) ; en Roumanie, on a « fabriqué » une nouvelle Constitution reproduisant le modèle français ; on a rédigé une Déclaration des droits de l'homme en Bulgarie ; quant aux institutions américaines, elles exercent une certaine fascination sur le personnel politique russe. Enfin, les pays africains, marqués notamment par les colonisations française et britannique, ont importé les technologies institutionnelles de l'ancien colonisateur. Mais parfois, après la décolonisation, ils ont aussi exporté vers d'autres pays sous-développés leurs propres inventions politico-administratives.

« ***L'Europe aurait surtout besoin d'une Constitution […] exprimant un principe général […] pour la société, un miroir dans lequel chacun, de Lisbonne à Varsovie, de Londres à Bucarest, puisse se reconnaître.*** »
Dominique Rousseau, *Le Monde*, 1997.

Grande-Bretagne, États-Unis et France sont les modèles d'inspiration constitutionnelle les plus appréciés pour inventer, après une révolution ou une indépendance, un nouveau jeu politique.

Le jeu appelle la faute

Du non-respect des règles à leur suppression, du coup d'État à la révolution, entre mensonge et raison d'État, le jeu politique se métamorphose.

« Le grand homme n'est pas celui qui fait vrai, mais celui qui sait le mieux concilier le mensonge avec la vérité. » **Diderot (1713-1784), *Jacques le Fataliste* (publié en 1796).**

De la violation des règles

Le jeu politique, comme le sport, appelle la faute. Dans l'esprit comme dans la lettre : non-respect des coutumes ou d'un code de bonne conduite même non formalisé juridiquement. Il peut dès lors y avoir violation des règles constitutionnelles, comme le fit le général de Gaulle, en 1962, pour instituer l'élection du président de la République au suffrage universel direct*. Les juges (constitutionnels, administratifs, judiciaires) sont chargés, chacun dans leur domaine, de sanctionner la violation des règles. Mais les experts peuvent avoir juridiquement raison tout en ayant politiquement tort : par exemple, le peuple français vote très largement en faveur de l'élection du président de la République au suffrage universel direct en 1962 et se désintéresse complètement du contentieux constitutionnel… L'inconstitutionnalité comme l'illégalité peuvent avoir leur légitimité.

Coup d'État et révolution

– Changement de gouvernants opéré hors des procédures constitutionnelles, le coup d'État peut ne pas conduire à un changement de régime politique (en Afrique ou en Amérique latine, un dictateur chasse l'autre). Mais il peut emporter le régime précédent lorsqu'il survient à l'encontre d'une démocratie. La réussite d'un tel procédé réclame le soutien de l'appareil coercitif (police, armée) mais aussi médiatique (la révolution roumaine de 1989 s'est jouée autour du siège de la radio-télévision). Des Bonaparte (18 Brumaire, puis 2 décembre 1851) aux *pronunciamientos* (coups d'État) d'Amérique latine, des militaires espagnols contre la République en juillet 1936 à l'armée irakienne renversant la monarchie en juillet 1958, les coups d'État sont toujours favorisés par la faiblesse d'un système institutionnel.

– Quant à la révolution, elle fait passer – avec violence – de l'ancien régime à une nouvelle société, en supprimant les règles du jeu de l'un pour en inventer d'autres. La destruction des unes crée le vide juridique à partir duquel se jettent les bases d'un nouvel ordre politique. La révolution accomplit ainsi le cycle droit ancien – non-droit – droit nouveau.

Article 16 de la Constitution de 1958 : « ***Lorsque les institutions de la République* [...] *sont menacées d'une manière grave et immédiate et que le fonctionnement des pouvoirs publics constitutionnels est interrompu, le président de la République prend les mesures exigées par les circonstances.*** »

Raison d'État et mensonge d'État

– Élaborée par Machiavel (1469-1527), la raison d'État désigne l'intérêt suprême de l'État. Invoquée par le Pouvoir, au nom de la survie de l'institution, elle est la justification du non-respect de la règle, et donc de sa disparition.

Cette mort d'une certaine forme et pratique du jeu peut même être expressément prévue par la Constitution* (article 16 de la Constitution de 1958; article 48 de la Constitution de Weimar de 1919).

– Le mensonge d'État (formule inventée par le politologue Olivier Duhamel et la journaliste Christine Ockrent en 1996) désigne le mensonge effectué au plus haut niveau de l'État, afin d'empêcher la vérité d'éliminer du jeu politique le premier de ses acteurs (le chef de l'État), en l'occurrence l'auteur dudit mensonge.

Comme en sport, le jeu politique appelle la faute. Mais là, le hors-jeu peut fonder de nouvelles règles, une Constitution chassant l'autre au gré des révolutions.

Les fous du jeu

De la réalité à la caricature, ils contribuent à désacraliser ou à « décoder » le jeu politique. La télévision a accéléré leur influence.

Du fou du roi aux... Guignols de l'info

Du fou du roi des temps de cour divertissant le seigneur ou le monarque à ses héritiers des temps républicains (chansonniers ou imitateurs comme Henri Tisot pour le général de Gaulle, Thierry Le Luron pour Valéry Giscard d'Estaing et Mitterrand, Patrick Sébastien pour Jacques Chirac) ou aux émissions télévisées à grande audience telles que le « Bébête show » sur TF1 ou « Les Guignols de l'info » sur Canal Plus, les « fous du jeu » ont bien changé.

Le temps est loin des amuseurs du Quartier latin, candidat sur des programmes loufoques (« prolonger le boulevard St-Michel jusqu'à la mer ») à toutes les élections (qu'il s'agisse de M. Lope, dont les adversaires n'étaient autres que les « anti-Lope » (!), ou de Aguigui Mouna sur son vélo).

Désormais, des émissions telles que « Les Guignols de l'info » et leur équivalent en Europe, Russie ou États-Unis, remplissent l'office médiatisé du « fou du roi » : les caricatures sont féroces, l'analyse de la vie politique corrosive, les stratégies ou tactiques politiques décortiquées, les images des leaders métamorphosées à tel point que les conseillers en communication et autres politologues doivent tenir compte de ces moments télévisuels dans leur marketing tant électoral que politique.

Le grand bouleversement de cette fin de siècle concerne

Le Fou du Président

C'est le titre d'un roman écrit en 1937 par Clément Vautel ; il relate l'histoire du fou du président de la République allant même, grâce à sa popularité, jusqu'à prendre... sa place !

le «décodage» des stratégies politiques par ces amuseurs publics que sont les «fous du roi» médiatiques. Ce qui contribue non seulement à une désacralisation du politique, mais aussi à une prise en compte de ce contre-pouvoir presque institutionnel.
Il n'est pas d'existence politique… sans présence aux «Guignols de l'info»!

Que le meilleur perde!

Cet ouvrage, aussi drôle que sérieux, de deux chercheurs politologues (Frédéric Bon et Marc-Antoine Burnier), démontre à travers la vie politique française des années quatre-vingt que… c'est toujours le meilleur qui perd.

De Coluche… au grand singe Tiao

Deux exemples ont marqué d'une manière étonnante le jeu politique.
– Tout d'abord Coluche ridiculisant, dans la précampagne présidentielle de 1981, la fonction comme le rituel présidentiel (une photographie le montre nu, une écharpe tricolore et une plume dans l'arrière-train). Si bien qu'il compte, à la fin de l'année 1980, plus de 10% des intentions de vote: «le fou du Président» vient d'être reconnu par l'opinion publique! Le jeu a été proche de la déstabilisation.
– D'autre part, le grand singe Tiao, devenu nationalement célèbre au Brésil à l'occasion des élections municipales de Rio de Janeiro de 1988. Il est alors promu «candidat alternatif» à l'initiative d'un journal satirique et recueille 400000 suffrages, soit la troisième place!
Lors de son décès, le maire de Rio, César Maia, décrète la mise en berne des drapeaux du zoo jusqu'à la fin 1996.
Dans l'un comme dans l'autre cas, la «loufoquerie» n'est-elle pas l'expression du défoulement d'une société, pour contester une fois par an, presque rituellement, le pouvoir ou son incarnation?

Plus que jamais, nos sociétés ont besoin de «fou du roi». Mais leur médiatisation peut nuire à la crédibilité de la joute politique.

Théâtre et jeu politique

Reflet, miroir, critique ou accélérateur du jeu politique, le théâtre, d'Eschyle à Vaclav Havel, en est l'une des plus curieuses composantes.

Le théâtre… politique, forcément politique !

Des tragédies helléniques du Ve siècle av. J.-C. de la démocratie athénienne, d'Eschyle (vers –525, vers –456) et d'Aristophane (vers –450, vers –386) à Bertolt Brecht (1898-1956), le théâtre s'est toujours inscrit dans son inspiration au cœur de la Cité (de la *polis* en grec), donc du jeu politique. Le souverain terrestre du théâtre baroque du XVIIe siècle reste sous l'emprise du « souverain céleste ». Les monarques et héros de Shakespeare (du *Roi Lear* – 1606 – à *La Tragédie du roi Richard II*) mesurent les limites que le Temps et la mort imposent naturellement à leur puissance institutionnelle, quelquefois absolue. Diderot (1713-1784) utilise le théâtre comme tribune pour diffuser la philosophie des Lumières* ; Mirabeau (1749-1791) soutient avec ferveur la première pièce « révolutionnaire » de Marie-Joseph Chénier (1764-1811) : *Charles IX ou l'École des rois* (1788) ; quant à la Convention*, elle encourage la représentation du Brutus de Voltaire (1694-1778) et du *Guillaume Tell* (1766) d'Antoine-Marin Lemierre. Avec le XIXe siècle surgit le drame romantique (*Intrigue et Amour* – 1784 – de Schiller – 1759-1805) : il illustre l'aspiration à la liberté mais aussi le drame historique. Celui-ci constitue un socle identitaire sur lequel seront exaltés passé rationnel et nationalités s'imposant aux grands empires en déclin (Empire austro-hongrois par exemple).

« Car dans le cercle même de la couronne […] la mort tient sa cour et là, la farceuse trône […] puis elle en finit […] elle perce le rempart et […] adieu le roi ! »
Acte III, scène II, *La Tragédie du roi Richard II* (vers 1595), Shakespeare (1564-1616).

La flambée du XXe siècle

À la mesure des événements (révolutions et totalitarismes) qui le marqueront, le XXe siècle voit la scène se politiser: «Octobre» théâtral de l'Union soviétique, le «théâtre politique» d'Erwin Piscator (1893-1966), le metteur en scène prolétarien-révolutionnaire de la République de Weimar, celui de Brecht, les représentations dans la France du Front populaire du *Danton* (1900) et du *Quatorze-Juillet* (1902) de Romain Rolland (1866-1944), la création de *Naissance d'une cité* (1937) de Jean-Richard Bloch (1884-1947) sont autant de signes d'une relation directe entre théâtre et jeu politique. L'après-guerre le confirme. Jean-Paul Sartre (1905-1980) et Albert Camus (1913-1960) s'interrogent sur la métaphysique, les contraintes, les limites ou la nécessaire révolution de ce «jeu»; les années soixante voient l'irruption aux États-Unis de groupes de théâtre incarnant un réveil politique (le *Living Theatre*, le *San Franciscomime Troupe*, le *Bread and Puppet*); l'influence d'Armand Gatti et d'Ariane Mnouchkine va croître après mai 1968 en France.

Mais c'est l'ensemble de la planète qui est touché par ce phénomène: en Afrique ou en Asie, le théâtre joue un rôle déterminant dans les luttes indépendantistes qui vont conduire à la décolonisation; en Amérique latine, on trouve un théâtre d'agitation et de propagande du Brésil sur les thèmes économiques et politiques, sans oublier le *Teatro Escambray* à Cuba, la *Candelaria* en Colombie; en Europe de l'Est et plus particulièrement en Tchécoslovaquie, on peut citer le théâtre du dramaturge Vaclav Havel accédant – symbole de la résistance au pouvoir communiste du temps des «démocraties populaires» – à la présidence de la République tchécoslovaque en 1989.

Il n'est de théâtre que politique: pas de jeu sans l'ombre d'Antigone, d'Hamlet ou de Caligula. Pas de jeu sans tragédie.

Cinéma et jeu politique

Au service d'une idéologie, instrument d'une critique citoyenne ou explorant les mécanismes du Pouvoir, le cinéma s'intéresse au jeu politique.

Film politique grand public
Ce genre cinématographique nouveau est créé par Costa-Gavras avec notamment *Z* (1969), *L'Aveu* (1970), *Missing* (1982), *Music Box* (1989).

Front populaire
L'esprit du Front populaire est incarné par deux grands films : *Le Crime de Monsieur Lange* (1936) de Jean Renoir (1894-1979), *La Belle Équipe* (1936) de Julien Duvivier (1896-1967).

Le cinéma politique

Partie intégrante du jeu lui-même, le cinéma politique sert l'idéologie en place en devenant instrument de propagande. Ainsi le cinéma soviétique exalte-t-il, sous Staline, *Le Député de la Baltique* (réalisé par Tcherkassov en 1937), le *Membre du gouvernement* (de Maretskaïa en 1940) ou le commissaire politique Tchirkov dans *Maxime à Vyborg* en 1939.
L'Allemagne hitlérienne n'est pas en reste avec des films comme *Le Président Krüger* en 1941, sans oublier l'emblématique Bismarck dans *Le Renvoi* en 1942.
Enfin Hollywood, après la lutte contre le fascisme dans l'Amérique rooseveltienne (*Gabriel à la Maison-Blanche, L'Homme de la rue, La Flamme sacrée*) participe, pendant la période maccarthyste, à la guerre froide en stigmatisant les « rouges » et les Soviétiques comme dans *La Chose d'un autre monde* (1951), *La Guerre des mondes* (1952), ou dans *Pickup on South Street* (1952). Plus récemment, juste avant la chute du mur de Berlin en 1989, *Rocky IV* (1986) de Sylvester Stallone traduit le retour à la mode du rêve américain et de l'antisoviétisme par Ronald Reagan.

Haro sur les politiciens !

Figure aussi négative que celle du banquier, le politicien au cinéma est caricaturé jusqu'à la satire et la dérision : du cinéma français des années trente – *Jérôme Perreau* d'Abel Gance en 1932, *Le Roi* de Pierre Colombier avec

le «député» Raimu en 1936, *Le Père Lampion* dans lequel un sosie du président de la République gouverne beaucoup mieux que lui – à celui de l'après-guerre – la série des *Don Camillo*, *L'Enjeu* en 1948 montrant Spencer Tracy, candidat candide qui se révolte face aux professionnels de la politique.
Ce cinéma dénonce la corruption et la prévarication* avec *Main basse sur la ville* de Francesco Rosi (1963), l'antiparlementarisme avec *Le Président* (avec Jean Gabin) d'Henri Verneuil (1960), ou *Y a-t-il un Français dans la salle?* de Jean-Pierre Mocky (1982).
Un certain cinéma américain dénonce aussi les excès des politiciens: *Mr Smith au Sénat* de Frank Capra (1939), *Sept jours en mai* de John Franckenheimer (1964), *Les Hommes du Président* d'Alan J. Pakula (1976), relatant l'affaire du «Watergate», *Que le meilleur l'emporte* de Franklin J. Schaffner (1964), et bien sûr l'incontournable *JFK* d'Oliver Stone (1991) avec Kevin Costner.

Le «Pouvoir» radiographié

D'autres films décortiquent les mécanismes du Pouvoir. *Citizen Kane* d'Orson Welles en 1941 (la dialectique du Pouvoir et de la puissance), *Tempête à Washington* d'Otto Preminger (1962) où l'abominable sénateur joué par Charles Laughton veut la défaite de l'honnête Henry Fonda, *Stavisky* d'Alain Resnais (1974) joué par Jean-Paul Belmondo, *Cadavres exquis* de Francesco Rosi (1975) traçant un portrait très réaliste du paysage politico-affairiste de l'Italie des années soixante-dix. Enfin, la personnalisation du pouvoir est illustrée par des films comme *Le Bon Plaisir* (de Francis Girod en 1983, adapté du roman de Françoise Giroud), *Pétain* (de Jean Marbœuf en 1992) et, en janvier 1997, *Evita* (d'Alan Parker, la vie d'Eva Perón incarnée par Madonna, *voir* pp. 20-21).

Poil à gratter de la classe politique plus que brosse à reluire, le cinéma est indispensable à la vie démocratique en tant que contre-pouvoir à toutes ses éventuelles dérives ou dysfonctionnements.

Le peuple

Essentiel à l'existence même du jeu politique dont il est tant l'acteur que l'enfant, le peuple est diabolisé ou héroïsé, accablé ou mythifié.

Article 3 de la Constitution de 1958 : « *La souveraineté nationale appartient au peuple* [...]. *Aucune section du peuple ni aucun individu ne peut s'en attribuer l'exercice.* »

Aux fondations du jeu : « le peuple souverain »

L'entité « peuple » est l'un des concepts les plus importants de la pensée politique ainsi que des langues constitutionnelle et juridique (les jugements sont rendus « au nom du peuple français »). Cette entité est non seulement antérieure à l'État, mais préexiste encore à toute existence du jeu politique. C'est en effet le peuple souverain qui exerce son pouvoir constituant (capacité d'inventer ou de réviser une Constitution*), qui institue les règles du jeu (par l'établissement et l'adoption d'une Constitution). Il désigne aussi ses acteurs (par les modalités de l'élection ou du référendum*), des acteurs appelés encore « pouvoirs constitués ». Au-delà des connotations péjoratives de « populace » ou de « bas peuple » – appartenant au vocabulaire employé par l'opposition conservatrice à la démocratie et à la République –, la notion de peuple est le plus symbolique des mythes fondateurs du jeu politique dans la démocratie. Celle-ci est d'ailleurs définie par le président américain Abraham Lincoln (1809-1865) comme

« *le gouvernement du peuple, par le peuple, pour le peuple* ». Cette formulation emblématique remonte à la Déclaration d'Indépendance et aux Déclarations des droits américains reprises dans la plupart des textes constitutionnels actuels français (art. 2 de la Constitution de 1958).

« Je ne suis ni le courtisan, ni le modérateur, ni le tribun, ni le défenseur du peuple ; je suis peuple moi-même. »
Robespierre (1758-1794), 1791.

Innovations et exaltations multiples

« Peuple souverain », « peuple uni », « peuple de France », « peuple de gauche », « peuple des faubourgs », « peuple de Paris », et même « peuple corse » comme « *composante du peuple français* » (notion déclarée inconstitutionnelle en 1991), ou encore « *peuple fidèle* » auquel s'adresse le roi du Maroc, autant d'invocations, d'exaltations et d'utilisation du concept de peuple dans la rhétorique politique. Symbole du progrès, de l'énergie révolutionnaire (révolution léniniste de 1917, ou française de 1789, 1830, 1848, 1870), de la force tranquille paysanne (« révolution nationale » du maréchal Pétain en 1940), le peuple a été invoqué par les politiques, les historiens, les hommes de lettres (Hugo, Lamartine, Michelet, Barrès, Bazin).

Ce lyrisme et cette symbolique traduisent la prééminence du peuple, son rôle souverain d'acteur de l'Histoire : dans sa sagesse, car le peuple ne se laisse jamais abuser par les promesses, comme dans sa violence révolutionnaire.

Ce rôle se joue parfois au détriment des principes élémentaires de la démocratie : mystique raciale du totalitarisme nazi – « *ein Volk, ein Reich, ein Führer* » –, mystique prolétarienne du totalitarisme communiste avec ses « démocraties populaires », dérives populistes des dictatures méditerranéennes, d'Amérique latine, d'Europe centrale ou de l'Est.

Figure mythique de tout régime, le peuple est toujours souverain : il serait donc logique qu'il ait le dernier mot.

Les citoyens

Ils affirment l'individu comme acteur du jeu politique selon le principe « un homme = une voix ». Ils s'accordent aussi au féminin.

« Même si le chemin en est plus difficile, l'égalité ne gagne rien à renoncer à l'universalisme : avec le sexe du législateur, c'est bien la loi du seul Père qui est en cause. »
Évelyne Pisier, professeur de sciences politiques, *Dictionnaire constitutionnel*, 1992.

« Le citoyen est l'homme incité à la prise en compte du bien public (devoirs du citoyen-civisme) recevant en échange la protection du public pour ses droits. »
Extrait de l'article de Lucien Jaume dans le *Dictionnaire de Philosophie politique*, Philippe Raynaud et Stéphane Rials, PUF, 1996.

« Du citoyen-électeur au consommateur-téléspectateur »

Les citoyens sont des nationaux jouissant de l'intégralité de leurs droits civiques : droit de suffrage*, éligibilité, droits d'expression, égalité d'accès aux emplois publics ; les citoyens (comme ceux de Sparte et d'Athènes autrefois, où ils étaient à la fois gouvernants et gouvernés) sont philosophiquement et juridiquement reconnus en France depuis la fameuse Déclaration des droits de l'homme et du citoyen du 26 août 1789 rappelée en préambule de la Constitution* de 1958. Appellation désormais contrôlée dans le monde entier, la notion de « citoyen » est toutefois déclinée différemment selon la nature des régimes (la différence est grande entre le citoyen anglo-saxon ou américain et son homologue irakien, éthiopien ou birman). Dans ceux qui se prévalent de la démocratie s'inscrit en lettres d'or au frontispice de la scène électorale l'équation-principe « *un homme = une voix* ». Dans les autres pays, le citoyen est passif et non actif, sous-informé et non surinformé, sans véritable statut. Les années 2000 vont voir la métamorphose de cette figure traditionnelle du jeu politique : de « citoyen-électeur », il devient « *consommateur-téléspectateur* » (Roland Cayrol, sociologue et politologue) ; d'individu à convaincre, il se mue en « zappeur » à séduire, au point que (ainsi que le montrent de nombreux sondages), le civisme se vit plus comme le respect du code de la route et de la nature que comme la participation aux élections. Quant au substantif « citoyen », il ne connaît plus son appellation révolutionnaire. Il est devenu l'adjectif à la mode (« président-citoyen », « dialogue citoyen », « entreprise citoyenne ») d'une société de confusion cherchant, dans des mots-slogans, les termes d'un nouveau contrat social ordonnés autour de la protection sociale, de la sécurité, de l'immigration et de l'environnement.

La fin... du citoyen !

C'est ce que prédit un jeune professeur américain de sciences politiques, Benjamin Barber, dans son dernier livre *Djihad versus McWorld* (1996). Il oppose l'univers façonné par MTV, MacIntosh et McDonald's, plein d'excès, d'abus, de contraintes et surnommé « McWorld », à tous les intégrismes du monde regroupés sous l'appellation « Djihad ». Se trouvent ainsi face à face deux dynamiques aboutissant, selon l'éditorialiste Jean Daniel (*Le Nouvel Observateur* de décembre 1996), « *à priver le citoyen souverain de la capacité de choisir, de juger et de décider* ». Régis Debray, inventeur de la médiologie (*voir* pp. 44-45), lance en guise d'avertissement : « *Une monoculture américaine promettrait un sinistre avenir au monde, un avenir dans lequel la planète serait transformée en un supermarché mondial où les gens auraient à choisir entre l'ayatollah local et Coca-Cola.* »

Un substantif transformé en adjectif, tel est le destin de « citoyen ». C'est là le signe d'une métamorphose de la démocratie à la recherche d'une nouvelle définition de la politique.

Les citoyennes

Nées du mouvement des suffragettes en Grande-Bretagne au début du XXe siècle, confortées par le mouvement féministe des années soixante-dix, les citoyennes veulent désormais devenir « gouvernantes ».

L'irruption des citoyennes

Exclues de l'agora dans l'Antiquité, mais menaçant, selon Aristophane (vers – 450, vers – 386), de faire « la grève du lit » pour protester contre la guerre, « *l'admission des femmes au droit de cité* » (Condorcet, 1743-1794) est le fruit d'une longue lutte : de la Déclaration des droits de la femme et de la citoyenne de la militante révolutionnaire Olympe de Gouges (1748-1793), réagissant contre l'exclusion de la femme, de l'idée même de citoyenneté en France en 1789 aux manifestations des suffragettes. Peu à peu, les femmes deviendront citoyennes donc électrices : en 1869 (Wyoming aux États-Unis), en 1928 (Angleterre), 1915 (Danemark), 1918 (Union soviétique), 1919 (Allemagne), 1920 (États-Unis, Tchécoslovaquie), 1931 (Espagne), 1944 (France), 1945 (Italie), 1948 (Belgique), 1971 (Suisse et Andorre), 1974 (Saint-Marin), 1984 (Liechtenstein). La convention sur les droits politiques de la femme a été ratifiée par près d'une centaine d'États depuis 1952. Quant aux « gouvernantes », elles s'imposent peu à peu comme ministres (Simone Veil, Madeleine Albright), comme Premier ministre (Indira Gandhi, Margaret Thatcher, Gro Harlem Bruntland en Norvège, Édith Cresson), comme président de la République (Vigdis Finnbogadottir en Islande, Mary Robinson en Irlande, Benazir Bhutto au Pakistan, Corazón Aquino aux Philippines, Violeta Chamorro au Nicaragua) ou comme mythe (Eva Perón, *voir* pp. 20-21).

Les démocraties modernes voient

« Le pouvoir ne peut être lié à l'amour. Il ne peut être lié qu'au désir. Comment la domination pourrait-elle être dépendante de la dépendance. »
Pascal Quignard, *Le Sexe et l'effroi*, Folio, 1996.

INVENTION | PROFESSION | RÈGLES | HORS-JEU

« Un homme cède plus facilement sa place à une femme dans l'autobus qu'à l'Assemblée nationale. »
Laurent Fabius, septembre 1996.

désormais émerger la question d'un quota minimal de femmes élues ou candidates: le combat pour l'égalité politique n'en est qu'à ses débuts… Au printemps 1997, le gouvernement Jospin inscrit le principe de parité homme-femme parmi les quarante mesures clés de son «pacte républicain».

La métamorphose du jeu

Dès lors que le jeu est ouvert aux joueuses, il change de nature. Moins de rêve, plus de gestion; moins de souplesse, plus de rigueur; moins d'hésitation, plus de décision. Tels sont quelques-uns des traits des futures gouvernantes qui s'imposent au moment même où la vie politique connaît le fantastique bouleversement de la vidéosphère et de l'image. L'accession de la gouvernante, désormais possible, au plus haut niveau, n'occulte ni ne remplace complètement son rôle éternel de conseillère (au mieux), d'instigatrice de complot (au pire), de «gouvernante dans l'ombre» (sans autre légitimité que l'onction du suffrage universel* de l'époux) ou d'incarnation de la résistance face à l'occupant ou aux lois de la Cité (Antigone). Ainsi Rosalyn Carter, Nancy Reagan ou Hillary Clinton, Marie-France Garaud, Mme Mao Tsé-Toung, la fille de Boris Eltsine ou de Jacques Chirac… Le syndrome «Catherine de Médicis» est loin d'être effacé du tableau noir des épures de conquête ou de conservation du Pouvoir… Les femmes restant paradoxalement, selon certains sondages et la rumeur publique, les premières ennemies des «citoyennes-candidates»!

Le XXe siècle aura été marqué par l'incontestable ascension des citoyennes vers le Pouvoir; le XXIe siècle verra peut-être la victoire de la parité homme-femme.

L'opinion publique

Les sondages et les médias font de l'opinion publique, née au XVIIIe siècle, l'acteur incontournable d'un nouveau jeu politique au XXe siècle.

Gouverner sous le feu de l'opinion

Apparaissant pour la première fois dans un dictionnaire français en 1798, puis définie au XXe siècle par le grand démographe Alfred Sauvy comme « *une puissance anonyme pouvant devenir une force politique* », l'opinion publique n'a ni la force mythique, messianique et historique du peuple (*voir* pp. 36-37), ni la réalité juridique, fraternelle et républicaine du citoyen (*voir* pp. 38-39). Elle n'en est pas moins devenue, par la « grâce » des sondages, médias, politologues, conseillers en communication, l'imposant et incontournable acteur d'un nouveau jeu politique. Récusée par le sociologue Pierre Bourdieu (« *elle n'existe pas* »), dénoncée par son homologue Patrick Champagne (« *elle est fabriquée par les politologues médiatiques* »), l'opinion publique reste néanmoins, pour le « citoyen-téléspectateur » (*voir* pp. 44-45), l'incarnation statistiquement médiatisée de son jugement (d'opinion) ; elle se distingue ainsi des manifestations d'opinion (la « colère du Peuple ») ou de l'acte de vote (celui des citoyens).
Désormais, les gouvernants se trouvent constamment sous le feu de l'opinion publique par sondages interposés. S'installe alors peu à peu l'illusion d'une consultation démocratique permanente. L'opinion publique devient donneuse de leçons de légitimité, tribunal permanent des gouvernants, et contre-pouvoir quotidien face à des acteurs du jeu politique qui n'auraient plus que « l'illusion du pouvoir » (Bernard Rideau, ancien conseiller en communication de Valéry Giscard d'Estaing).

« Que l'opinion se dérobe, et le pouvoir s'effondre. S'il est récusé par ceux qu'il entend régir, il cesse d'être ; et la légitimité suppose l'existence. »
Jean Rivero, revue *Pouvoirs*, 1978.

L'ébauche d'une opinion publique mondiale

Produit naturel de la vidéosphère, l'opinion publique internationale introduit, dans le jeu, l'émotion politique collective.

Les exemples se multiplient: de l'assassinat du président Kennedy en 1963 à la catastrophe de Tchernobyl en 1986, de la destruction du Rainbow Warrior en 1985 à la guerre du Koweit en 1991, de l'affaire Salman Rushdie (1988-1994) à la guerre dans l'ex-Yougoslavie (1991-1995), de la chute du mur de Berlin en 1989 à la reprise des essais nucléaires français dans le Pacifique en 1995. L'opinion publique dispose de structures d'expression avec les organisations non gouvernementales (il existe dans le monde en 1995 près de 5000 ONG), de domaines de prédilection (le nucléaire avec le mouvement Pugwash, les prisonniers politiques avec Amnesty International, l'environnement mais aussi les problèmes sanitaires des pays en voie de développement avec les *French doctors* de Médecins sans frontières et Médecins du Monde). L'opinion publique formule ainsi sa volonté en transformant «la rumeur planétaire» en information à l'occasion de grands sommets mondiaux consacrés aux problèmes de société, objets du Politique (l'enfance en 1990, l'environnement à Rio de Janeiro en 1992, les droits de l'homme à Vienne en 1993, la démographie au Caire en 1994, le crime organisé à Naples en 1994, le développement social à Copenhague en 1995, les femmes à Pékin en 1995, l'urbanisation à Istanbul en 1996).

Sans oublier Internet qui peut, par exemple, informer de l'existence de minorités comme l'Armée zapatiste de libération nationale dans le Chiapas mexicain.

Fête de l'Opinion
Inventée par les révolutionnaires de la Convention* pour sacraliser «l'opinion publique» au Panthéon comme au calendrier de la Révolution, elle ne fut jamais célébrée.

Figure déterminante de la vie politique nationale et internationale, l'opinion publique prend peu à peu… le Pouvoir.

Les médias

La faveur en politique est désormais aux médias. Acteurs comme observateurs n'existent que par la force de l'image « gouverner c'est paraître ».

Médiologie
C'est la science des médias inventée par le philosophe Régis Debray dans les années quatre-vingt. Elle permet de comprendre l'histoire de l'image comme l'existence de « l'État séducteur ».

***« Dire la vérité, toute la vérité, rien que la vérité ; dire bêtement la vérité bête, ennuyeusement la vérité ennuyeuse, tristement la vérité triste ».* Charles Péguy (1873-1914)**

Le triomphe du médiatique

Depuis les années 1960, l'heure est à l'explosion des médias et surtout à la place prépondérante de la télévision: celle-ci a investi tous les domaines d'intérêt et notamment le jeu politique. À tel point qu'on parle, en cette fin de siècle, « *d'hégémonie culturelle de la télévision* » (Jean-Claude Guillebaud, journaliste) avec toutes les conséquences que cela implique: supériorité de l'image sur le discours, de l'information immédiate sur le commentaire réfléchi, de l'interaction télévision/presse écrite (les journaux reprenant pour l'amplifier la « nouvelle-vedette » de la veille), supériorité de la petite phrase du leader politique sur la cohérence de tout son discours, de la « course à l'audience » et de la « dictature de l'Audimat » sur la « vérité invendable ». La communication politique en est d'autant plus bouleversée qu'aux risques traditionnels de désinformation (*voir* ci-contre p. 45) et de propagande (dont l'un des maîtres de l'ère prételévisuelle fut Gœbbels, le ministre nazi de la Propagande) s'ajoutent, à la veille du troisième millénaire, de nouveaux médias: bouquet numérique

multipliant le nombre de chaînes, irruption d'Internet (*voir* pp. 56-57). Ce qui transforme en profondeur les relations entre citoyens et vie politique : avènement du « village planétaire » décrit par Marshall MacLuhan (1911-1980), effectivité de la démocratie directe au plan mondial, ou totalitarisme « soft » du goulag électronique décrit dans le film *1984* (1984) d'après le roman de George Orwell…

Qu'est-ce que la désinformation ?
– Dérive de l'information ;
– conspiration du silence autour de certains faits ;
– « images virtuelles » comme lors de la guerre du Golfe en 1991 ;
– intoxication télévisuelle comme dans l'affaire du faux charnier de Timisoara en Roumanie le 23 décembre 1989.

Un « *citoyen téléspectateur-zappeur* »

Telle est l'expression utilisée par Régis Debray qui démontre avec brio les bouleversements entraînés par la naissance de l'audiovisuel (la vidéosphère) à côté de la graphosphère (l'imprimerie) : « *Le citoyen à convaincre est devenu un consommateur à séduire, le héros la star, l'estrade l'école, l'écran la télé, l'explication l'information, le discours pour convaincre l'émission pour séduire* »… Le citoyen de l'an 2000 est un « *citoyen-téléspectateur-zappeur* ».

Vers un gouvernement des médias ?

Faut-il craindre la médiacratie ? La complémentarité des liens entre médias et politique, le caractère inégal de médiatisation du politique selon les systèmes et les cultures, la concurrence entre les chaînes selon la loi du marché, l'apparition d'instances de régulation (comme le Conseil supérieur de l'audiovisuel en France) évitent l'émergence de l'absolutisme médiatique. Sans réduire pour autant le rôle central joué par ce que le président François Mitterrand appelait la « *nomenklatura politico-médiatique* ».

Plus que jamais médiatisé, le jeu politique est désormais soumis à la force de l'image plus qu'au poids du verbe : il faut séduire pour convaincre.

Les sondages

Photographie des opinions à un moment donné du temps, les sondages ont inventé un jeu politique original avec de nouveaux acteurs.

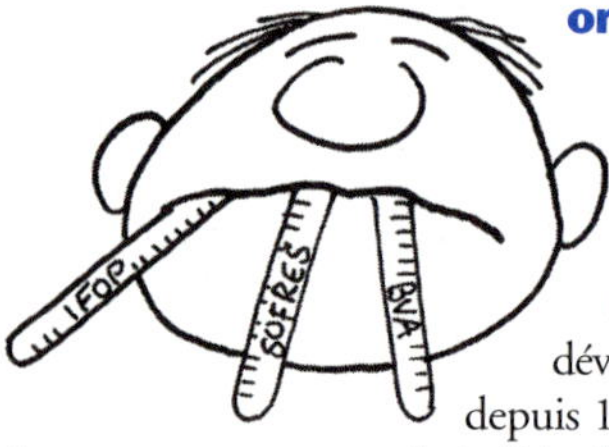

À propos d'un sondage sur le bicentenaire... (1989)
« *La Fayette est à la hausse et Robespierre à la baisse.* » *Figaro Magazine*, 23 janvier 1988.

Pas de démocratie... sans sondages

Inventés aux États-Unis dans les années trente, développés dans les années d'après-guerre et surtout depuis 1965 lors de la première élection du président de la République au suffrage universel direct* en France, les sondages d'opinion sont aujourd'hui répandus dans toutes les démocraties. Ils sont contestés par les uns (perversion de la démocratie, manipulation de l'électorat, invention d'une opinion publique, dénonciation de leur nombre trop élevé), respectés par les autres (technique d'observation des opinions irremplaçable pour le politique comme pour les médias). « *Véritable science de l'opinion* » (Roland Cayrol, politologue), les sondages modifient profondément le jeu politique au point d'en inventer un autre. Leur rôle est en effet déterminant à maints égards : photographie des forces politiques avant une campagne électorale, sélection des candidats aux présidentielles comme aux législatives, traitement médiatique réservé aux acteurs de la classe politique, tentative de compréhension et d'évaluation qualitative des choix, des attentes, des angoisses ou des contradictions des électeurs, gestion des politiques de communication des gouvernants en cours de mandat, irruption signalée d'une nouvelle « volonté générale » faisant pression

sur le personnel politique avec sa panoplie de cotes de popularité ou d'évolutions des intentions de vote. Le jeu politique ne peut désormais se concevoir sans sondages: cela annonce-t-il l'emprise de nouveaux acteurs et la naissance d'un «gouvernement des sondages?».

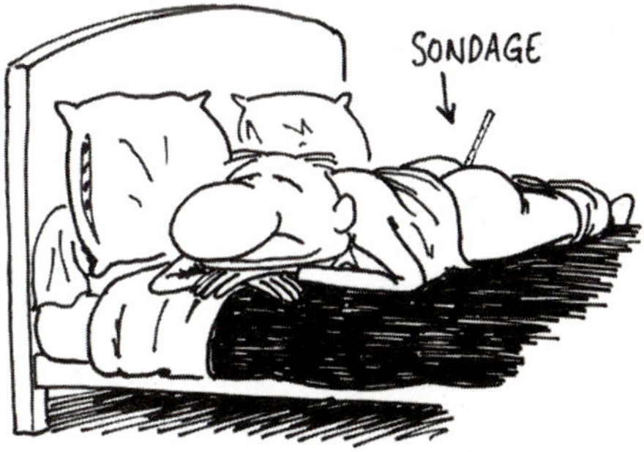

Vers un « gouvernement des sondages » ?

Telle est la crainte exprimée par ceux qui dénoncent la grande famille de la «sondocratie»: sondeurs, marchands et instituts de sondages, politologues, conseillers en communication, conseiller du (ou des) président(s) de la République (de Bernard Rideau pour Valéry Giscard d'Estaing à Jacques Pilhan pour François Mitterrand et Jacques Chirac), spécialistes du marketing politique, journalistes spécialisés.

Au fameux «gouverner c'est prévoir» (d'Edgar Faure, ancien président du Conseil) succéderait le «gouverner c'est paraître» (du professeur Jean-Marie Cotteret), grâce à l'effet d'annonce, à l'importance donnée à la forme sur le fond (comme lors de l'intervention télévisée du président Chirac en décembre 1996), au subtil jeu des effets d'opinion.

Si les sondages sont justifiés, ils n'en sont pas pour autant exacts: Mitterrand comme Chirac ne voient pas leur présidence mise en jeu par de mauvais sondages, le candidat Édouard Balladur est battu en 1995, malgré sa victoire annoncée dans les sondages, la peine de mort n'est pas rétablie malgré sa forte popularité «sondagique».

Il n'empêche. À l'aube du troisième millénaire, les décisions prises «au nom du Peuple et pour le Peuple» semblent changer de sens comme d'inventeur: les sondeurs ont peut-être blessé à mort... le philosophe Jean-Jacques Rousseau (1712-1778) et son idée fondatrice de souveraineté populaire.

Les otages de Lima sondés (1996-1997)
Selon l'un d'entre eux, le directeur de l'Institut péruvien des sondages, 95% des otages étaient favorables à une solution négociée entre le gouvernement péruvien et les révolutionnaires d'extrême gauche du groupe Tupac Amaru, qui les retenaient à l'ambassade du Japon à Lima.

Désormais irremplaçables, les sondages ont transformé le peuple souverain en opinion publique.

Les juges

Notre fin de siècle est marquée par l'emprise croissante de la justice sur le jeu politique. Il n'y a plus « d'intouchables ».

La résistible ascension des juges

De la Cour internationale de justice de La Haye au Tribunal pénal international jugeant, un demi-siècle après Nuremberg, les crimes commis dans l'ex-Yougoslavie, de la Cour suprême américaine au Conseil constitutionnel* français (jouant un rôle décisif depuis que la minorité politique peut, en le saisissant, avoir juridiquement raison), de l'action des « petits » juges appliquant le régime commun à des personnalités jusqu'ici intouchables (hommes politiques, chefs d'entreprise, journalistes) aux juges qui s'en prennent aux castes en Inde, le phénomène est planétaire : il y a désormais une juridicisation* de la vie politique. Le rôle nouveau joué par juges et juridictions bouleverse les donnes traditionnelles : la loi n'est l'expression de la volonté générale qu'à condition de respecter la Constitution* et notamment la Déclaration des droits de l'homme et du citoyen inscrite dans le préambule ; la politique économique de la France est justiciable de la Cour de Luxembourg, les ministres sont justiciables de la Cour de justice de la République, la classe politique l'est des juridictions pénales ordinaires. Nouvel acteur, nouveau « héros » amplement médiatisé comme l'homme public qu'il met en examen, le juge s'est transformé en garant de la moralité politique. Il contribue à la métamorphose de la démocratie, désormais saisie par le droit, en colonisant le Politique à tel point que les phénomènes d'alternance* ou de cohabitation* sont (comme en France)

régulés par le Conseil constitutionnel. Et ce dernier est devenu, ainsi que l'écrit le professeur de droit Dominique Rousseau, « *la bouche de la Constitution* ». À tel point aussi que certains s'inquiètent et n'hésitent pas à dénoncer les dangers d'un gouvernement des juges… sans légitimité populaire.

« Le temps paraît venu d'une révolution culturelle de la magistrature dans ses rapports avec le pouvoir politique. »
Robert Badinter, revue *Pouvoirs*, 1995.

Vers un gouvernement des juges ?

Telle est la critique majeure de certains (dans la classe politique et dans le peuple) pour dénoncer le rôle nouveau et imposant joué par les juridictions dans la régulation de la vie politique des démocraties modernes, dans la définition des relations internationales comme des politiques économique et sociale : la démocratie est à ce point saisie par le droit que se pose d'ores et déjà le problème de la légitimité du juge et de sa responsabilité, « *la garantie de son indépendance ne devant pas entraîner l'émergence d'un pouvoir judiciaire qui se constituerait face au pouvoir politique régulièrement élu par les citoyens* » déclarait en décembre 1996 Édouard Balladur, après l'annonce par le président de la République Jacques Chirac de l'ouverture d'un vaste chantier de rénovation de l'institution judiciaire.

Incontournable et figure médiatisée de la scène démocratique, le juge a bouleversé le jeu politique : la politique est aujourd'hui, comme l'écrivait le professeur de droit Louis Favoreu, « *saisie par le droit* ».

La crise du Politique

Le déclin des figures traditionnelles de la démocratie – le parlementaire, le technocrate –, la crise économique et la convergence d'un certain nombre de signes inquiétants traduisent la crise du Politique. Réalité ou dramatisation ?

Déclin du député

Incarnation sous les IIIe et IVe Républiques de la démocratie représentative, la « République des députés » poursuit son déclin. Elle connaît une perte de crédit et de prestige malgré les efforts de Philippe Séguin, président de l'Assemblée nationale jusqu'en juin 1997, et malgré la révision de la Constitution adoptée le 4 août 1995 (instauration d'une session unique du Parlement de neuf mois au lieu des deux sessions précédentes). Plus « assistante sociale » de la circonscription où il est élu que représentant de la Nation, subissant la concurrence des groupes de pression, des syndicats et des associations médiatisant leurs revendications, emmailloté par la discipline majoritaire, le parlementaire voit son image très dépréciée dans les sondages : plus de 40 % des Français tiennent la politique pour une activité peu honorable. L'antiparlementarisme renaissant en atteste ; de même que l'« *effet essuie-glace* » (Serge July) d'une dissolution incomprise de l'Assemblée nationale en mai-juin 1997.

La corruption
La corruption a contribué à la chute de nombreux régimes des pays socialistes ou du tiers-monde. Elle a touché toutes les strates politiques, économiques et administratives dans les démocraties occidentales.

Défiance envers le technocrate

Il en est de même pour le haut fonctionnaire, encore dénommé « énarque » (du nom de l'école dont il est issu, l'École nationale d'administration, créée en 1945 par Michel Debré). Le technocrate subit de plein fouet les conséquences de la crise de l'« État-Providence ». Acteur pendant des décennies de la démocratie économique et sociale, il est aujourd'hui contesté au point de laisser la vedette à une nouvelle figure de la démocratie, « le juge » (*voir* pp. 48-49).

Des clignotants inquiétants

La baisse du taux de participation aux consultations électorales (le Président Clinton a été élu, en 1996, par moins d'un Américain sur deux), la faiblesse du militantisme (quelques milliers d'adhérents seulement pour des millions d'électeurs), l'irruption médiatique de certains des acteurs de la «Société civile» -spectacle (Kouchner, Tapie, Gillibert, Schwartzenberg, Decaux), la multiplication des affaires, scandales, et autres mises en examen (Yves Mény, professeur de droit public, parle de «*la corruption de la République*»), l'érosion des valeurs républicaines, les déséquilibres suscités par la «monarchie républicaine» (*voir* pp. 18-19) sont, avec ceux de la crise économique et sociale, les clignotants inquiétants de la crise du Politique.

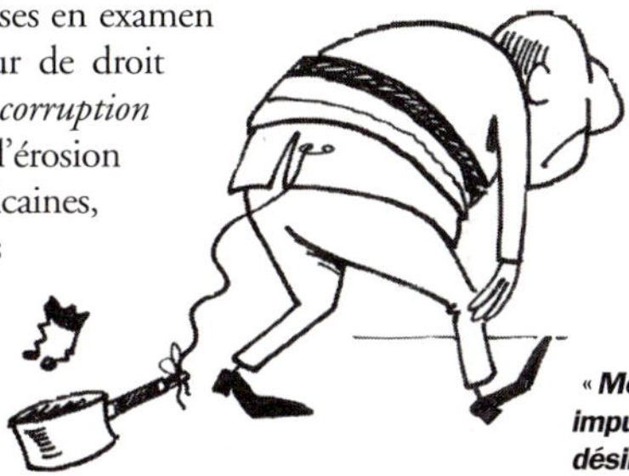

Réalité ou dramatisation

Toute médiatisation des défauts et dysfonctionnements d'un système conduit, par nature, à la dramatisation. Les Républiques précédentes ont connu leur crise, la classe politique a été très souvent brocardée et clouée au pilori de la vindicte citoyenne ou journalistique. Pour autant, l'abstention n'est pas élevée aux échéances importantes (présidentielles ou municipales), les émissions de télévision sont suivies avec intérêt et la moralisation de la vie publique est en cours. Il n'empêche: les citoyens ont l'impression qu'il y a crise du Politique. L'aspiration à la sécurité économique et sociale ainsi qu'à un modèle républicain rénové exige des réponses aux nouveaux objets du jeu politique (*voir* pp. 52 à 55). C'est, semble-t-il, l'un des paris du nouveau gouvernement de cohabitation (gouvernement Jospin depuis juin 1997), prônant «un pacte républicain de solidarité et de développement».

« Les Légendes des politiciens »
Tel est le nom du dernier logiciel de jeu créé au Japon au premier semestre 1997 et basé sur la vie politique de l'Archipel. Il met ouvertement en cause la prévarication* du monde politique et constitue une façon d'exprimer, non seulement le ras-le-bol des citoyens, mais aussi le signe d'une maturité sociale.

« *Moralisme impuissant, désimplication politique, cynisme populaire sont les maladies d'une démocratie sans engagement moral* ». Paul Thibaud, revue *Pouvoirs*, n° 65, 1993.

La crise du politique est à la fois une crise de l'économique, du social, du philosophique et de l'éthique. C'est la crise de confiance de cette fin de siècle.

Le corps et l'âme saisis par le Politique

Jusqu'à présent hors du champ politique, la vie organique et la vie spirituelle deviennent, pour cause de progrès scientifique, objets autant que sujets du jeu. Une révolution copernicienne!

Le corps saisi par le législateur

Tout ce qui touche à la santé du corps et à la vie est désormais l'une des grandes priorités des politiques publiques: lutte contre le sida, le cancer, les maladies cardio-vasculaires; recherche génétique, greffe d'organes, procréation médicalement assistée, opérations sur fœtus, mères porteuses. Les bouleversements ont été à ce point profonds qu'ils ont provoqué l'intervention du Politique.

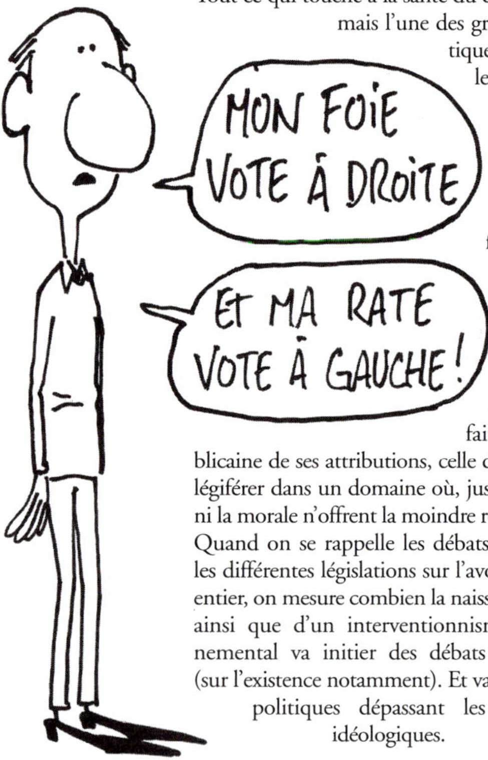

Cette intervention s'est faite dans la plus républicaine de ses attributions, celle de prendre position et de légiférer dans un domaine où, jusqu'à présent, ni le droit, ni la morale n'offrent la moindre réponse.

Quand on se rappelle les débats passionnés suscités par les différentes législations sur l'avortement dans le monde entier, on mesure combien la naissance d'un nouveau droit ainsi que d'un interventionnisme étatique et gouvernemental va initier des débats idéologiques essentiels (sur l'existence notamment). Et va entraîner des retombées politiques dépassant les traditionnels clivages idéologiques.

Audimat...
« ***C'est quand même difficile de critiquer "Intervilles" alors que l'émission est regardée par dix-huit millions de télé-spectateurs. Il n'y a quand même pas dix-huit millions de débiles en France !*** »
Guy Lux, revue *Pouvoirs*, n° 51, 1989.

L'esprit saisi par la télévision

Les stupéfiants progrès technologiques en matière audiovisuelle (bouquet numérique, chaînes câblées, déclinaison concomitante télévision-ordinateur, satellites de diffusion directe) ont conduit à la multiplication des chaînes et à la difficulté, pour les États comme pour le citoyen, de contrôler les images et l'information. Le «citoyen-téléspectateur» peut disposer désormais de six à près de cent canaux. Il s'ensuit de nombreuses conséquences que l'acteur politique découvre ou suscite: triomphe de l'image et du son, victoire de l'émotion et de la sensation sur la rationalité, simplification du message, absence de développement du sens critique, invasion publicitaire, images subliminales, naissance d'une culture de masse et d'un «village planétaire» (*voir* pp. 44-45).

Le jeu politique n'est plus ce qu'il était

Le jeu politique en est transformé. En effet, le pluralisme* accroît la liberté dont se nourrissent l'information, la création et l'innovation. Le zapping laisse les potentialités du choix. Le message politique en Europe risque de subir l'influence américaine en devenant, un jour, publicité payante!

Néanmoins, les acteurs du Pouvoir peuvent conduire de «grandes manipulations» aux niveaux économique et politique, alors que le temps qui leur est consacré et les possibilités de contrôle du Conseil supérieur de l'audiovisuel (CSA) connaissent de plus en plus de handicaps. Plus que jamais, la télévision est devenue l'un des plus énigmatiques objets du Politique.

Prélèvement d'organes
La loi du 22 décembre 1976 dite « Loi Caillavet » avait posé les principes du « *consentement présumé dans le cas du prélèvement sur le cadavre et de la gratuité de ce type d'opérations* ».

Au traditionnel clivage gauche-droite est venue se substituer une pluralité de débats politiques et juridiques autour du corps, de la vie et de l'esprit, en face et aux côtés des pouvoirs conjugués et redoutables de la science et de la télévision.

La métamorphose du jeu politique

Les impératifs éthiques, écologiques et éducatifs, les révolutions technologique et médicale, la renaissance des intégrismes religieux comme des extrémismes politiques, la fin des idéologies constituent le cadre comme le socle des nouveaux objets du jeu politique.

« *Il n'y a que deux péchés en politique : ne défendre aucune cause et n'avoir pas le sentiment de sa responsabilité.* »
Max Weber, sociologue allemand (1864-1920), *Le Savant et le Politique*, (publié en 1921).

L'impératif écologique

C'est la première fois dans l'histoire mondiale des démocraties que la défense de la nature et la protection de l'environnement ont conduit les gouvernants à prendre en compte, dans leurs programmes électoraux comme dans leurs politiques publiques, l'écologie et ses exigences. Du Japon hostile à l'atome militaire au vice-président écologiste des États-Unis d'Amérique Al Gore, du maire adjoint de Francfort Daniel Cohn-Bendit à l'influence universelle du commandant Cousteau, du militant de Greenpeace à l'émergence de partis écologistes, la société civile et la classe politique ont intégré cette nouvelle exigence de l'espace et de la nature à protéger.

La fin des idéologies

Depuis la chute du mur de Berlin en 1989, depuis le basculement des pays de l'Est comme de l'ancienne URSS dans la transition démocratique conçue sur le modèle constitutionnel européen ou américain, bref depuis la fin du marxisme, l'inflation idéologique de notre XXe siècle a subi un coup d'arrêt tel qu'il est aujourd'hui question de « fin des idéologies » et même de « fin de l'Histoire ». Le désenchantement a remplacé les passions, la quête d'idéal ou d'idéaux, l'engagement idéologique.

La recherche de nouvelles valeurs, l'exigence moderne d'un renouvellement de la pensée politique sont devenues « l'enjeu des enjeux ». D'autant plus

urgent à relever que renaissent les extrémismes nationalistes, la montée des sectes et l'activisme des intégrismes tant religieux qu'identitaires.

L'impératif de l'éthique

L'exigence morale en politique, les questions spirituelles et philosophiques nées des révolutions technologiques et médicales, ainsi que de l'irruption islamique dans les sociétés occidentales, ont conduit les gardiens de l'éthique – le juge et les «sages» – à devenir les nouveaux acteurs du jeu politique. Le premier s'assure de la conformité de l'action des hommes politiques aux valeurs et principes fondamentaux inscrits le plus souvent dans le préambule des Constitutions; les seconds s'occupent des attitudes «éthiques» à avoir face à la bioéthique, la génétique, le don d'organes, la définition de la mort, le port du voile islamique, la nationalité. Deux tâches d'autant plus essentielles que les religions sont prêtes à répondre à l'éventuel vide laissé par l'incapacité du Politique à relever ce défi éthique: prosélytisme* islamiste dans les banlieues difficiles d'autant plus complexe à juguler que l'islam est aussi une culture et une conception du temporel fort éloignées des notions de liberté et de laïcité (le Conseil d'État a confirmé, le 27 novembre 1996, l'exclusion de vingt jeunes musulmanes portant le voile islamique en classe, «*les convictions des intéressées ne pouvant les soustraire à l'obligation d'assiduité*»).

«*Aujourd'hui, l'intégrisme catholique est autant une idéologie politique qu'une expression religieuse: à preuve les affinités déclarées entre le Front national et les disciples de Mgr Lefebvre.*»
René Rémond, *La politique n'est plus ce qu'elle était*, Calmann-Lévy, 1993.

L'impératif écologique et la fin des idéologies sont, avec l'exigence éthique, les nouveaux objets d'un jeu politique en pleine métamorphose.

Vers la cyber-démocratie

Avec le basculement dans le troisième millénaire, le jeu politique devient, à l'instar des autres domaines, électronique. Le vote sur ordinateur, le référendum presse-bouton et la démocratie virtuelle ne sont plus de la science-fiction.

Vers la démocratie électronique…

Internet, la naissance des « autoroutes de l'information », le développement du courrier et de la messagerie électronique contribuent peu à peu à la naissance d'une « cyberdémocratie ». Caractérisée par la fusion du global et du local, vivant au rythme du temps mondial et instantané du multimédia, elle suscite d'ores et déjà des rêves ou des cauchemars. Rêves d'une participation directe, virtuelle et interactive du peuple à la « chose publique », de l'utopie de l'agora athénienne enfin réalisée grâce aux fibres optiques, d'un budget voté effectivement par le peuple après l'échec de ses représentants, d'une addition des intérêts particuliers de chaque citoyen bousculant les groupes de pression, de campagnes électroniques menant à l'approbation très rapide de mesures, du vote immédiat en tapant sur le clavier de l'ordinateur, de l'élaboration des lois à partir des propositions de chaque citoyen, votées ensuite par eux-mêmes sur les autoroutes électroniques, du référendum presse-bouton, de la réapparition du mandat impératif (le parlementaire étant électroniquement contraint par le peuple), invention et constitution de contre-pouvoir aux groupes de pression, multiplication des débats électroniques… en un mot, c'est l'irruption de la démocratie virtuelle.

La résistible ascension de la démocratie virtuelle

La révolution de l'information vient de créer un choc aussi brutal que la bombe atomique. La pensée comme la pratique politique et constitutionnelle en sont bouleversées. Les uns,

Démocratie virtuelle

« ***C'est une démocratie qui n'existe pas. La démocratie directe au contraire a toujours été conçue comme une démocratie de dialogue.*** »
Professeur Giovanni Sartori, *Panorama*, revue politique italienne, 23 juillet 1994.

comme le sociologue Paul Virilio, y voient « *une désorientation qui parachève la dérégulation sociale et la déréglementation des marchés financiers* », se disent convaincus que « *l'histoire va désormais se jouer dans un temps unique, le temps mondial* » et craignent l'accident général… « *l'explosion de l'information généralisée* ». Les autres s'engouffrent sur l'autoroute : Michael Gingrich, l'ancien président de la Chambre des représentants des États-Unis, a transféré toute l'activité législative sur Internet et ouvert un serveur aux citoyens, afin de mieux lutter contre les lobbies* ; en 1996, Tom Foley, ancien président de la Chambre des représentants, est mis hors de combat grâce à une campagne menée sur Internet, à l'envoi de dizaines de milliers de télécopies et à l'utilisation d'un logiciel permettant l'impression immédiate d'affiches.

Adresses électroniques

– **Institutions**
  - **Assemblée nationale : www.assemblee-nat.fr**
  - **Premier ministre : www.premier-ministre-gouv.fr**
  - **Sénat : www.senat.fr**

– **Sondages**
  - **BVA : www.bva.fr**
  - **IFOP : www.ifop.fr**
  - **IPSOS : www.ipsos.fr**

– **Partis politiques**
  - **FN : www.front-nat.fr**
  - **Génération Écologie : www.ecologie.org**
  - **Parti radical socialiste : http://members.aol.com/Mainate/radical.html**
  - **PCF : www.pcf.fr**
  - **PS : www.mygale.org/03/ps75011/ ou www.mygale.org/11/ps38**
  - **UDF : www.idee.action.fr ou www.santini97.galaxie.fr**
  - **Verts : www.verts.imaginet.fr/legislatives97.html**

– **Médias**
  - **AFP : www.nomade.fr/afp/election1.shtml**
  - **Canal Plus : www.cplus/htm/politique**
  - **France 2 : www.france2.fr/indexfrm.htm**
  - **Le Monde : www.lemonde.fr**

Après les totalitarismes et les intégrismes, la démocratie doit dorénavant faire face à une autre conception du temps, de l'espace et de l'univers. Certains parlent déjà d'« hyper-démocratie », celle de la démocratie directe idéale ou celle du plus ingénieux et du plus redoutable des « totalitarismes soft ».

Glossaire

Alternance: changement de pouvoir et de majorité au terme duquel, dans le respect de la Constitution*, les opposants deviennent gouvernants et réciproquement. Signe de la maturité d'une démocratie (exemple: la France en 1981).

Article 16 (de la Constitution de 1958): mis en œuvre une seule fois, sous la Ve République, du 23 avril au 30 septembre 1961, il accroît considérablement les pouvoirs du chef de l'État qui peut ainsi exercer ses fonctions en cas de crise d'une gravité exceptionnelle. Certains ont parlé de «dictature légale».

Assemblée nationale: appellation née le 17 juin 1789, cette expression désigne, sous la Ve République, l'assemblée parlementaire élue au suffrage universel direct*.

Bicamérisme: système institutionnel dans lequel deux assemblées (Chambre haute, Chambre basse; Chambre des communes, Chambre des lords en Grande-Bretagne; Assemblée nationale, Sénat en France) exercent les fonctions parlementaires. Ce système peut être égalitaire (les mêmes pouvoirs sont donnés aux deux chambres) ou inégalitaire (plus de poids est donné à la chambre élue au suffrage universel direct*).

Clientélisme: il est souvent dit politique. C'est une pratique qui repose sur la construction, l'organisation et la mobilisation de clientèle politique, permettant aux hommes politiques d'élargir leur influence ou d'asseoir leur pouvoir grâce à un système élaboré de relations personnelles.

Cohabitation: coexistence et rencontre au même moment de deux légitimités (présidentielle et parlementaire) qui n'étaient pas faites pour se rencontrer. (Exemple: 1986-1988 et 1993-1995 en France sous les septennats Mitterrand; depuis 1997, troisième cohabitation de la Ve République entre Jacques Chirac, président de la République, et Lionel Jospin, Premier ministre.)

Conseil constitutionnel: organe chargé, dans la Constitution de 1958, de contrôler la conformité des lois à la Constitution, la régularité des élections et scrutins nationaux.

Constitution: ensemble des règles de droit les plus importantes de l'État. Elles déterminent la forme même de l'État, de son gouvernement (république ou monarchie), des organes qui le dirigent, de leurs compétences et des droits citoyens.

Contreseing: signature donnée par une personne habilitée ayant pour objet d'authentifier la signature principale et d'associer le contresignataire à la mesure prise, le rendant ainsi responsable politiquement. Sous la Ve République, le contreseing concerne certains actes du président de la République, ainsi que du Premier ministre.

Convention: inspirée de l'expérience institutionnelle américaine de la fin du XVIIIe siècle, la Convention désigne cette assemblée chargée de réviser la Constitution qui, en 1792, abolit la royauté avant d'instituer, dès le lendemain, la République.

Décentralisation : elle consiste à accroître les pouvoirs des autorités locales élues sur les plans régional, départemental et communal. Elle a fait l'objet d'une loi importante en 1982 qui a conduit à transférer de nombreuses compétences de l'État aux collectivités territoriales et à supprimer la tutelle administrative.

Déclaration des droits de l'homme et du citoyen : placée en tête de la première Constitution française (Constitution du 3 septembre 1791). Reprise dans le préambule de celle de 1958, c'est un texte de dix-sept articles, adopté par l'Assemblée constituante le 26 août 1789.

Déconcentration : système donnant compétence, pour la prise de certaines décisions, à des représentants de l'Administration centrale, dans les diverses circonscriptions territoriales. Exemple : le préfet, dont le gouvernement peut augmenter les pouvoirs dans le cadre de mesures dites de déconcentration.

Droit constitutionnel : « droit de l'autorité politique », selon Georges Vedel, professeur de droit ; « droit des droits fondamentaux et des libertés » pour Louis Favoreu, professeur de droit. Deux revues l'étudient : *Pouvoirs*, dirigée par Olivier Duhamel et Philippe Ardant, *Revue française de droit constitutionnel*, dirigée par Louis Favoreu et Didier Maus.

Élections européennes : élections de députés de chaque pays membre de l'Union européenne au suffrage universel direct*, au prorata des populations, à la représentation proportionnelle intégrale. Le mandat est de cinq ans. Les élections se tiennent depuis 1979.

Jacobinisme : action et conception politiques des membres du club des Jacobins de Paris pendant la Révolution. Le jacobinisme traduit alors l'attachement à l'indivisibilité de la souveraineté nationale, à l'égalité et à un certain autoritarisme centralisateur. Aujourd'hui, être « jacobin », c'est être réticent à l'égard de la décentralisation* et favorable à l'action étatique donc à la centralisation.

Juridiciarisation : « *néologisme désignant le processus de rapprochement progressif d'une procédure administrative vers une procédure de type judiciaire* », Louis Favoreu.

Juridicisation : « *néologisme désignant le processus de soumission progressive d'une institution ou d'une procédure politique au respect de la règle de droit* », Louis Favoreu.

Lobby : désigne, au XIXe siècle, les couloirs de la Chambre des communes britannique où les parlementaires subissaient la pression de certains citoyens. Synonyme aujourd'hui de groupes de pression exerçant une influence sur les gouvernants et leurs politiques.

Lumières : socle et fonds commun d'idées, de valeurs et de modèles inventés et institués à la fin du XVIIIe siècle. La Révolution de 1789 fut celle du « siècle éclairé », du siècle philosophique, du « siècle de la raison », du « siècle des Lumières » succédant aux « siècles de ténèbres, de tyrannie et de préjugés ».

Marketing politique : application au jeu politique, aux campagnes électorales, des méthodes utilisées dans le secteur privé et le monde des affaires (études de marché, publicité commerciale).

Glossaire (suite)

Népotisme : abus de la position politique, économique ou sociale d'une personnalité, au profit de sa famille et de ses amis auxquels elle procure avantages, prodigalités ou emplois.

Parachutage : envoi dans une circonscription d'un candidat sans attache avec la circonscription où il se présente au nom du parti qui l'y a envoyé.

Partitocratie : néologisme inventé pour définir l'influence très grande et presque unique des partis politiques sur la vie politico-administrative.

Pluralisme : « conception de l'ordre politique et juridique qui privilégie la diversité des opinions, des intérêts et de leurs groupements dans la société civile et fait de la garantie de leur pluralité une condition de la liberté », Pierre Bouretz, professeur de philosophie politique.

Prévarication : manquement grave d'un homme d'État, d'un élu ou d'un fonctionnaire aux devoirs de sa charge.

Prosélytisme : zèle et ardeur déployés par des militants, des hommes politiques ou des religieux, pour répandre et tenter de faire partager, par le plus grand nombre, leur idéologie ou leur foi.

Référendum : « *instrument de la démocratie semi-directe par lequel le corps des citoyens est appelé à exprimer, par une votation populaire, son avis ou sa volonté à l'égard d'une mesure qu'une autre autorité a prise ou envisage de prendre* », Jules Lafférière, professeur de droit public.

République : « *régime politique dans lequel la fonction de chef de l'État n'est ni héréditaire ni viagère* », Jean-Louis Quermonne, professeur de droit public.

Suffrage censitaire : système où le droit de suffrage est réservé aux électeurs qui remplissent certaines conditions de cens, c'est-à-dire d'un montant donné d'imposition. Le cens électoral a été aboli en France en 1848.

Suffrage direct : le suffrage est direct lorsque l'électeur désigne lui-même ses représentants. Depuis 1962, le président de la République française est élu au suffrage universel direct, comme les députés, les conseillers généraux, les conseillers municipaux, les conseillers régionaux, ou encore les députés européens.

Suffrage exprimé : correspond au nombre des votants diminué des votes blancs ou nuls.

Suffrage indirect : le suffrage est indirect lorsque l'électeur désigne des délégués élisant ensuite les représentants. En France, sous les IIIe et IVe Républiques, et au début de la Ve, le président était élu au suffrage indirect. Aujourd'hui, les sénateurs de nombreux pays (Autriche, Pays-Bas, France, etc.) ainsi que le président des États-Unis sont élus au suffrage indirect.

Suffrage universel : système où le droit de suffrage est ouvert à tous les citoyens sans aucune restriction tenant à des conditions de fortune, de capacité, d'hérédité. Il peut néanmoins comporter des exclusions d'âge, de sexe ou d'indignité.

Bibliographie

ALAIN, *Le Citoyen contre les pouvoirs,* Sagittaire, 1926. *Propos de Politique,* Rieder, 1934. Brillante analyse du grand philosophe de la vie politique. Il y exprime la nécessité des contre-pouvoirs dans une démocratie.

BAILEY (F. G.), *Les Règles du jeu politique,* PUF, 1971. Une anthropologie sociale du monde politique.

BARRET-KRIEGEL (Blandine), *Cours de philosophie politique,* Folio, 1996. Approche didactique des grands concepts de la philosophie politique.

BAUMONT (Stéphane), *Quel Président et quelle Constitution pour la VIe République ?,* éditions Eché, 1993. Analyse institutionnelle et politique de la France contemporaine.

BON (Frédéric), BURNIER (Marc-Antoine), *Que le meilleur perde,* éloge de la défaite en politique, Balland, 1986.

BURDEAU (Georges), *La Politique au pays des merveilles,* PUF, collection « La Politique éclatée », 1979. Excellente introduction à la compréhension de la politique.

CHAPSAL (Jacques), *La Vie politique en France sous la Ve République,* PUF, 1987-1989. La « bible » des étudiants en sciences politiques.

COHEN-TANUGI (Laurent), *La Métamorphose de la démocratie,* Odile Jacob, 1989. Analyse originale et pédagogique des grands bouleversements de la démocratie de cette fin de siècle.

DEBRAY (Régis), *Loués soient nos seigneurs,* Gallimard-NRF, 1996. Une des analyses les plus fines des septennats mitterrandiens.

DUHAMEL (Olivier), *Le Pouvoir politique en France,* PUF, 1991.
DUHAMEL (Olivier) et MÉNY (Yves), *Dictionnaire constitutionnel,* PUF, 1992. Le condensé rassurant de nos incertitudes constitutionnelles et politiques.

GRAWITZ (Madeleine) et LECA (Jean), *Traité de science politique,* PUF, 1985, quatre volumes. L'indispensable somme pour tout étudiant en sciences politiques.

LE MONDE, *La Cinquième République 1958-1995,* collection « L'Histoire au jour

LA CLASSE POLITIQUE VUE D'ENSEMBLE

Bibliographie (suite)

le jour », 1995. Indispensable document sur la période contemporaine.

Mendès France (Pierre), *La République moderne,* Gallimard, 1962. Les idées majeures d'un grand acteur du politique.

Raynaud (Philippe) et Rials (Stéphane), *Dictionnaire de Philosophie politique,* PUF, 1996. Le condensé indispensable de nos incertitudes philosophiques dans la pensée politique.

Rémond (René), *La politique n'est plus ce qu'elle était,* Calmann-Lévy, 1993. Lecture indispensable pour qui veut comprendre parfaitement l'évolution politique française contemporaine.

Steiner (Georges), *Dans le château de Barbe-Bleue,* Folio-Essais, 1991. Indispensable lecture en cette fin de siècle des « totalitarismes » parce que « Buchenwald n'est situé qu'à quelques kilomètres de Weimar ».

Thuillier (Guy), *Le Jeu politique,* Économica, 1992. Remarquable analyse anthropologique du Politique. À l'usage des citoyens, des gouvernants, mais aussi des candidats.

Weber (Max), *Le Savant et le politique,* collection « 10/18 ». Petit traité sur l'éthique politique. Une incontournable lecture pour le citoyen comme pour les élus et les gouvernants sur le « métier et la vocation d'homme politique ».

Adaptations

Aristophane, *Théâtre complet II,* Folio Gallimard, 1966, traduction Victor-Henri Debidour.

Brecht (Bertolt), L'Arche éditeur, 1955, traduction Georges Proser.

Plaute, *Théâtre complet I,* Folio classique, Gallimard, 1971, traduction Pierre Grimal.

Sophocle, *Tragédies,* Folio Gallimard, société d'édition « Les Belles Lettres », 1962.

Tchekhov, Folio, L'Arche éditeur, 1961, traduction Génia Cannac et Georges Perros.

Dans la collection « Les Essentiels Milan »

Benoit-Browaeys (Dorothée), *La Bioéthique,* Éd. Milan, Toulouse, 1996.

Centre de Vulgarisation de la Connaissance, *Mini-guide du citoyen* (1995), *Mini-guide de la justice* (1996), *Guide de la commune* (1996), *Guide du département* (1996), *Guide de la région* (1996), *Guide de l'État* (1997), Éd. Milan, Toulouse.

Colombain (Jérôme), *Internet,* Éd. Milan, Toulouse, 1996;
La Cyberculture, Éd. Milan, Toulouse, 1997.

Platone (François), *Les Partis politiques en France,* Éd. Milan, Toulouse, 1996.

Index *Le numéro de renvoi correspond à la double page.*

Dans la même collection :

1. Le cinéma
2. Les Français
3. Platon
4. Les métiers de la santé
5. L'ONU
6. La drogue
7. Le journalisme
8. La matière et la vie
9. Le sida
10. L'action humanitaire
12. Le roman policier
13. Mini-guide du citoyen
14. Créer son association
15. La publicité
16. Les métiers du cinéma
17. Paris
18. L'économie de la France
19. La bioéthique
20. Du cubisme au surréalisme
21. Le cerveau
22. Le racisme
23. Le multimédia
25. Les partis politiques en France
26. L'islam
27. Les métiers du marketing
28. Marcel Proust
29. La sexualité
30. Albert Camus
31. La photographie
32 Arthur Rimbaud
33. La radio
34. La psychanalyse
35. La préhistoire
36. Les droits des jeunes
37. Les bibliothèques
38. Le théâtre
39. L'immigration
40. La science-fiction
41. Les romantiques
42. Mini-guide de la justice
43. Réaliser un journal d'information
44. Cultures rock
45. La construction européenne
46. La philosophie
47. Les jeux Olympiques
48. François Mitterrand
49. Guide du collège
50. Guide du lycée
51. Les grandes écoles
52. La Chine aujourd'hui
53. Internet
54. La prostitution
55. Les sectes
56. Guide de la commune
57. Guide du département
58. Guide de la région
59. Le socialisme
60. Le jazz
61. La Yougoslavie, agonie d'un État
62. Le suicide
63. L'art contemporain
64. Les transports publics et la ville
65. Descartes
66. La bande dessinée
67. Les séries TV
68. Le nucléaire, progrès ou danger?
69. Les francs-maçons
70. L'Afrique: un continent, des nations
71. L'argent
72. Les phénomènes paranormaux
73. L'extrême droite aujourd'hui
74. La liberté de la presse
75. Les philosophes anciens
76. Les philosophes modernes
77. Le bouddhisme
78. Guy de Maupassant
79. La cyberculture
80. Israël
81. La banque
82. La corrida
83. Guide de l'État
84. L'agriculture en France
86. La psychologie de l'enfant
87. Le vin
88. Les OVNI
89. Le roman américain
91. L'urbanisme
93. Alfred Hitchcock
94. Le chocolat

Responsable éditorial: Bernard Garaude,
Directeur de collection – édition: Dominique Auzel,
Secrétariat d'édition: Véronique Sucère,
Correction – révision: Jacques Devert,
Iconographie: Sandrine Guillemard,
Conception graphique, couverture: Bruno Douin,
Maquette: Ingrid Gerlach / octavo,
Illustrations: Michel Cambon
Fabrication: Isabelle Gaudon, Hélène Zanolla

Aubin Imprimeur, 86240 Ligugé. — D.L. août 1997. — Impr. P 54502